2021

中国火炬统计年鉴

CHINA TORCH STATISTICAL YEARBOOK

科学技术部火炬高技术产业开发中心 编

Edited By
Torch High Technology Industry
Development Center
Ministry of Science & Technology

中国统计出版社
China Statistics Press

图书在版编目（CIP）数据

中国火炬统计年鉴. 2021 = China Torch Statitical Yearbook 2021 : 汉英对照 / 科学技术部火炬高技术产业开发中心编. -- 北京 : 中国统计出版社, 2021.11
ISBN 978-7-5037-9703-3

Ⅰ. ①中… Ⅱ. ①科… Ⅲ. ①高技术产业—统计资料—中国—2021—年鉴—汉、英 Ⅳ. ①F279.244.4-54

中国版本图书馆 CIP 数据核字(2021)第 222044 号

中国火炬统计年鉴 2021

作　　者/科学技术部火炬高技术产业开发中心
责任编辑/李　冲
封面设计/李雪燕
出版发行/中国统计出版社有限公司
通信地址/北京市丰台区西三环南路甲 6 号　邮政编码/100073
发行电话/邮购（010）63376909　书店（010）68783171
网　　址/http://www.zgtjcbs.com
印　　刷/北京启航东方印刷有限公司
经　　销/新华书店
开　　本/880×1230mm　1/16
字　　数/300 千字
印　　张/12
版　　别/2021 年 11 月第 1 版
版　　次/2021 年 11 月第 1 次印刷
定　　价/180.00 元

《中国火炬统计年鉴 2021》
CHINA TORCH STATISTICAL YEARBOOK-2021

编者说明

《中国火炬统计年鉴 2021》是由科技部火炬高技术产业开发中心编撰的反映中国火炬计划、技术市场、全国生产力促进中心等相关内容的统计资料书。全书收录了全国各省、直辖市、自治区、计划单列市及副省级城市科技部门和各国家高新区 2020 年度的相关火炬统计数据。

全书内容分十二个部分。第一部分为国家高新技术产业开发区内企业的情况；第二部分为全国高新技术企业的情况；第三部分为科技企业孵化器的情况；第四部分为众创空间的情况；第五部分为国家大学科技园的发展情况；第六部分为火炬计划软件产业基地的发展情况；第七部分为火炬特色产业基地的发展情况；第八部分为创新型产业集群的发展情况；第九部分为全国技术市场发展情况；第十部分为国家技术转移机构发展情况；第十一部分为全国生产力促进中心的发展情况；第十二部分为主要指标解释。

需要说明的是，2020 年全国成果统计调查制度纳入到火炬统计调查制度中，在本书第九部分全国技术市场发展情况中增加了全国科技成果登记的内容，将国家技术转移机构发展情况从第九部分中分离出来，单独列为第十部分。

本书所涉及的全国性统计数据，除技术合同外，均未包括香港、澳门特别行政区和台湾省数据。

本书所涉及东部、中部、西部和东北地区的具体划分为：

东部地区：包括北京、天津、河北、上海、江苏、浙江、福建、山东、广东和海南等 10 个省市；中部地区：包括山西、安徽、江西、河南、湖北和湖南等 6 个省市；西部地区：包括内蒙古、广西、重庆、四川、贵州、云南、西藏、陕西、甘肃、青海、宁夏和新疆等 12 个省市；东北地区：包括辽宁、吉林和黑龙江等 3 个省。

本书中使用的符号：“空格”表示该项统计指标数据不足本表最小单位数、数据不详或无该数据；“#”表示其中的主要项；“/”表示数据未提供，“*”或“①”表示本表下有注解。

本书中因小数取舍而产生的误差均未做配平处理。

EDITOR'S NOTES

China Torch Statistical Yearbook 2021 is prepared by Torch High Technology Industry Development Center. The yearbook, which covers related data of provinces, deputy provincial level cities and cities listed independently in the state plan, and National High Technology Industrial Development Zones of the year 2020, reports on the development status of China Torch Program, China's Technology Market and Productivity Promotion Centers.

The Yearbook contains the following eleven parts: 1.Development of National High Technology Industrial Development Zones (Hi-tech Zones) and its tenants; 2.Development of High Technology Enterprises; 3.Development of Technology Business Incubators; 4. Development of Mass Maker Spaces; 5. Development of National University Science Parks; 6. Development of Torch Program Software Industrial Bases; 7.Development of Torch Program Specialized Industrial Bases; 8.Development of Innovative Industrial Clusters; 9. Development of Technology Market; 10. Development of National Technology Transfer Centers; 11.Development of Productivity Promotion Centers; 12.Explanatory Notes of Indicators.

It should be pointed out here that Investigation of National Scientific and Technological Achievements has been incorporated into Torch Statistical Survey and statistics concerning Registration of Scientific and Technological Achievements are included in Part 9. Development of National Technology Transfer Centers, formerly a component in Part 9 has been sorted out to form an independent part as Part 10.

Except for the part of technology contracts, the national data in this book do not include those of the Hong Kong Special Administrative Region, the Macao Special Administrative Region and Taiwan Province.

Eastern region, central region, western region and northeastern region in the Yearbook are divided as follows:

Eastern region includes 10 provinces (municipalities): Beijing, Tianjin, Hebei, Shanghai, Jiangsu, Zhejiang, Fujian, Shandong, Guangdong and Hainan; Central region includes 6 provinces: Shanxi, Anhui, Jiangxi, Henan, Hubei and Hunan; Western region includes 12 provinces (autonomous regions and municipalities): Inner Mongolia, Guangxi, Chongqing, Sichuan, Guizhou, Yunnan, Tibet, Shaanxi, Gansu, Qinghai, Ningxia and Xinjiang; Northeastern region includes 3 provinces: Liaoning, Jilin and Heilongjiang.

Symbols used in this Yearbook: "blank space" indicates that the figure is not large enough to be measured with the smallest unit in the table, or data unknown, or not available; "#" indicates the major items of the total; "/" indicates that data are not available; and "*" or "①" indicates footnotes at the end of the table.

Statistical discrepancies due to rounding are not adjusted in the Yearbook.

目　录

Contents

第一部分　国家高新技术产业开发区
THE FIRST PART　NATIONAL HIGH TECHNOLOGY INDUSTRIAL DEVELOPMENT ZONES （NATIONAL HI-TECH ZONES）

第二部分　全国高新技术企业
THE SECOND PART　HIGH TECHNOLOGY ENTERPRISES IN CHINA

第三部分 科技企业孵化器
THE THIRD PART TECHNOLOGY BUSINESS INCUBATORS (TBIS)

第四部分 众创空间
THE FOURTH PART MASS MAKER SPACES

第五部分　国家大学科技园
THE FIFTH PART　NATIONAL UNIVERSITY SCIENCE PARKS

第六部分　国家火炬软件产业基地
THE SIXTH PART　NATIONAL TORCH PROGRAM SOFTWARE INDUSTRIAL BASES

第七部分　国家火炬特色产业基地
THE SEVENTH PART　NATIONAL TORCH SPECIALIZED INDUSTRIAL BASES

第八部分 创新型产业集群
THE EIGHTH PART INNOVATIVE INDUSTRIAL CLUSTERS

第九部分 全国技术市场
THE NINTH PART TECHNOLOGY MARKET IN CHINA

第十部分　国家技术转移机构
THE TENTH PART　NATIONAL TECHNOLOGY TRANSFER CENTERS

第十一部分　全国生产力促进中心
THE ELEVENTH PART　PRODUCTIVITY PROMOTION CENTERS (PPCS) IN CHINA

第十二部分 主要指标解释
THE TWELFTH PART EXPLANATORY NOTES ON MAIN INDICATORS

第一部分

国家高新技术产业开发区

The First Part

National High Technology Industrial Development Zones (National Hi-Tech Zones)

1-1 高新区企业主要经济指标①

Main Economic Indicators of Enterprises in National Hi-tech Zones

年 份 Year	国家高新区数② (个) Number of National S & T Industrial Parks (unit)	入统企业数 (个) Number of Enterprises to Collect Data (unit)	年末从业人员 (万人) Year End Number of Employees (10000 person)	营业收入③ (亿元) Operating Revenue (100 million yuan)	工业总产值 (亿元) Gross Industrial Output Value (100 million yuan)	净利润 (亿元) Net Profit (100 million yuan)	上缴税额 (亿元) Taxes Submitted (100 million yuan)	出口创汇 (亿美元) Export (100 million USD)
1995	52	12980	99.1	1529.0	1402.6	107.4	69.0	29.3
1996	52	13722	129.1	2300.3	2142.3	140.5	97.7	43.0
1997	53	13681	147.5	3387.8	3109.2	206.6	143.3	64.8
1998	53	16097	183.7	4839.6	4333.6	256.2	220.8	85.3
1999	53	17498	221.0	6775.0	5944.0	398.7	338.6	119.0
2000	53	20796	250.9	9209.3	7942.0	597.0	460.2	185.8
2001	53	24293	294.3	11928.4	10116.8	644.6	640.4	226.6
2002	53	28338	348.7	15326.4	12937.1	801.1	766.4	329.2
2003	53	32857	395.4	20938.7	17257.4	1129.4	990.0	510.2
2004	53	38565	448.4	27466.3	22638.9	1422.8	1239.6	823.8
2005	53	41990	521.2	34415.6	28957.6	1603.2	1615.8	1116.5
2006	53	45828	573.7	43320.0	35899.0	2128.5	1977.1	1361.0
2007	54	48472	650.2	54925.2	44376.9	3159.3	2614.1	1728.1
2008	54	52632	716.5	65985.7	52684.7	3304.2	3198.7	2015.2
2009	56	53692	810.5	78706.9	61151.4	4465.4	3994.6	2007.2
2010	83	55243	960.3	105917.3	84318.2	6855.4	5446.8	2648.0
2011	88	57033	1073.6	133425.1	105679.6	8484.2	6816.7	3180.6
2012	105	63926	1269.5	165689.9	128603.9	10243.2	9580.5	3760.4
2013	114	71180	1460.2	199648.9	151367.6	12443.6	11043.1	4133.3
2014	115	74275	1527.2	226754.5	169936.9	15052.5	13202.1	4351.4
2015	146	82712	1719.0	253662.8	186018.3	16094.8	14240.0	4732.7
2016	146	91093	1805.9	276559.4	196838.7	18535.1	15609.3	4389.5
2017	156	103631	1940.7	307057.5	202826.6	21420.4	17251.2	4780.7
2018	169	120057	2091.6	346213.9	222525.5	23918.1	18650.5	5631.2
2019	169	141147	2213.5	385549.4	240262.0	26097.4	18594.3	5997.2
2020	169	165357	2383.5	427998.1	256355.8	30442.3	18625.9	6484.4

注：①本年鉴中高新区企业的各项指标指纳入火炬统计的高新区内企业的各项指标。
②苏州工业园区于2006年开始参加国家高新区创新活动并纳入火炬统计，但2006–2017年国家高新区整体数不包含苏州工业园区。从2018年起，国家高新区数据包含苏州工业园区数据。
③2014年进一步规范了报表制度指标及定义，增加了"营业收入"的指标，取消了"总收入"的指标。此列2014年以前所列数据为企业"总收入"汇总数据。

1-2 高新区企业主要经济指标(按地区分类)

Main Economic Indicators of Enterprises in National Hi-tech Zones by Region

地区	Region	国家高新区数量(个) Number of National Hi-tech Zones (unit)	工商注册企业数(个) Number of Registered Enterprises (unit)	入统企业数(个) Number of Enterprises to Collect Data (unit)	高新技术企业数(个) Number of Hi-tech Enterprises (unit)	年末从业人员(人) Year End Number of Employees (person)	营业收入(千元) Operating Revenue (1000 yuan)	工业总产值(千元) Gross Industrial Output Value (1000 yuan)
合计	**Total**	**169**	**3587294**	**165357**	**99305**	**23835165**	**42799805845**	**25635583089**
东部地区	Eastern Region	70	2236396	109153	67859	14951219	27713111884	15077504768
中部地区	Middle Region	44	570700	26506	15582	4267467	7298465291	5185643293
西部地区	Western Region	39	616136	22048	11897	3699918	6060038829	4116569459
东北地区	Northeast Region	16	164062	7650	3967	916561	1728189841	1255865569
北京	Beijing	1	510000	27487	16993	2900099	7227636866	1246096296
天津	Tianjin	1	46600	4240	2048	284107	476439951	194740528
河北	Hebei	5	55257	3315	1845	345472	527218916	321918661
山西	Shanxi	2	27302	1806	1095	199584	383501713	224270784
内蒙古	Inner Mongolia	3	12670	693	276	185196	376297585	227193985
辽宁	Liaoning	8	93882	4282	2253	458037	648502398	409492351
吉林	Jilin	5	37939	2013	1054	258352	699715709	608191538
黑龙江	Heilongjiang	3	32241	1355	660	200172	379971734	238181679
上海	Shanghai	2	91977	11954	9472	1702698	3587992279	1387024959
江苏	Jiangsu	18	575942	22229	12388	2757660	4419984756	3421978060
浙江	Zhejiang	8	250313	7640	4774	1316176	2173565900	1518516415
安徽	Anhui	6	86523	3912	2210	588661	1228347299	844841313
福建	Fujian	7	33711	3989	2147	675800	861217645	765440390
江西	Jiangxi	9	50432	2517	1294	501486	981584057	900087494
山东	Shandong	13	216401	6817	3913	1460607	2630200830	2026311136
河南	Henan	7	86269	5328	2502	656385	875891182	593457838
湖北	Hubei	12	230531	8660	5658	1543576	2586780231	1686415101
湖南	Hunan	8	89643	4283	2823	777775	1242360809	936570762
广东	Guangdong	14	448859	21127	14070	3467702	5714021381	4158769116
广西	Guangxi	4	65081	2739	1752	486983	768888868	503763724
海南	Hainan	1	7336	355	209	40898	94833360	36709207
重庆	Chongqing	4	110683	2551	1444	492505	656235507	595828894
四川	Sichuan	8	182641	5226	3319	824523	1438132466	1040059961
贵州	Guizhou	2	17148	1203	621	233665	294197004	146064202
云南	Yunnan	3	22345	658	349	134385	366430901	270386687
西藏	Tibet							
陕西	Shaanxi	7	152426	6899	3380	844587	1380666364	1059574385
甘肃	Gansu	2	11073	919	433	186577	300822204	147271720
青海	Qinghai	1	2822	115	54	12731	6578371	5368388
宁夏	Ningxia	2	4029	268	42	31252	29523831	21140748
新疆	Xinjiang	3	35218	777	227	267514	442265729	99916765

1-2 续表 continued

单位：千元 (1000 yuan)

地 区	Region	净利润 Net Profit	上缴税费 Taxes Submitted	出口总额 Export	年末资产 Year End Assets	年末负债 Year End Liabilities
合 计	**Total**	**3044225452**	**1862594979**	**4472664873**	**71666163579**	**41517993238**
东部地区	Eastern Region	2112552902	1108400978	3194293516	48863325608	28101393789
中部地区	Middle Region	424457744	294951643	514946272	10192018158	6073031601
西部地区	Western Region	401653459	332128334	687799533	10380674722	6061962222
东北地区	Northeast Region	105561347	127114024	75625552	2230145091	1281605626
北 京	Beijing	564828322	261470123	266784968	15657382607	8747011453
天 津	Tianjin	26641110	19281833	31697768	927294726	535483203
河 北	Hebei	31541508	24389395	19483961	1091160344	663214347
山 西	Shanxi	9735539	10833492	2888928	668994394	469919713
内 蒙 古	Inner Mongolia	16642662	18924168	12769423	547639546	310103305
辽 宁	Liaoning	37388827	42726440	55125532	932228637	505531034
吉 林	Jilin	56237274	57305494	5291271	776034384	457044207
黑 龙 江	Heilongjiang	11935247	27082090	15208749	521882070	319030384
上 海	Shanghai	253678770	145727142	316000899	6893845359	3622831987
江 苏	Jiangsu	307914040	210464760	910013142	6527362173	3648072462
浙 江	Zhejiang	200931951	96294870	260043562	3242661645	1701707255
安 徽	Anhui	87024427	70565242	143209663	1729146348	1017289048
福 建	Fujian	56074639	26012435	141724370	966344694	505673091
江 西	Jiangxi	58464878	45821574	93427308	891349581	438997997
山 东	Shandong	156847614	108490950	218186581	3426988521	2043908356
河 南	Henan	46949506	31410884	34541586	1163535414	702157877
湖 北	Hubei	137909544	90558901	167471462	3528109374	2132925969
湖 南	Hunan	84373851	45761550	73407324	2210883049	1311740998
广 东	Guangdong	511657093	209960535	1028863143	10015578751	6560873803
广 西	Guangxi	36066339	23193528	76535996	823760816	560214706
海 南	Hainan	2437856	6308936	1495120	114706788	72617832
重 庆	Chongqing	40151043	22850308	132050053	752564372	422740398
四 川	Sichuan	109542920	52730954	301907073	2168886295	1280403086
贵 州	Guizhou	15214887	10349900	5445923	1183291580	739572302
云 南	Yunnan	26723034	60059997	3237213	584270947	278006230
西 藏	Tibet					
陕 西	Shaanxi	123448697	107540226	150186570	2456404343	1378926503
甘 肃	Gansu	10545729	20800707	2496213	490273529	300179634
青 海	Qinghai	451248	421853	47463	15185589	7167895
宁 夏	Ningxia	833286	981471	820371	58128308	35988579
新 疆	Xinjiang	22033614	14275223	2303235	1300269397	748659587

1-3 各高新区企业主要经济指标

Main Economic Indicators of Enterprises in National Hi-tech Zones

地 区	Region	工商注册企业数（个）Number of Registered Enterprises (unit)	入统企业数（个）Number of Enterprises to Collect Data (unit)	高新技术企业数（个）Number of Hi-tech Enterprises (unit)	年末从业人员（人）Year End Number of Employees (person)	营业收入（千元）Operating Revenue (1000 yuan)	工业总产值（千元）Gross Industrial Output Value (1000 yuan)
合 计	**Total**	**3587294**	**165357**	**99305**	**23835165**	**42799805845**	**25635583089**
北京中关村	Beijing Zhongguancun	510000	27487	16993	2900099	7227636866	1246096296
天津滨海	Tianjin Binhai	46600	4240	2048	284107	476439951	194740528
石家庄	Shijiazhuang	23345	1911	928	174057	230513131	122475693
唐 山	Tangshan	6026	349	234	17812	12654698	11305148
保 定	Baoding	12952	692	504	108513	208149521	144479999
承 德	Chengde	3612	103	68	15644	19433821	15164267
燕 郊	Yanjiao	9322	260	111	29446	56467745	28493555
太 原	Taiyuan	18737	1649	1001	153120	338485063	191047044
长 治	Changzhi	8565	157	94	46464	45016650	33223740
呼和浩特	Hohhot	1226	70	43	76851	141934168	46251259
包 头	Baotou	10784	564	212	99278	219979519	168784230
鄂尔多斯	Erdos	660	59	21	9067	14383898	12158496
沈 阳	Shenyang	43866	1080	790	108605	140341947	49658958
大 连	Dalian	28005	2233	1052	200118	237651675	136140844
鞍 山	Anshan	2811	419	118	42002	85937090	72586499
本 溪	Benxi	1415	90	45	9082	6804052	6025882
锦 州	Jinzhou	4889	140	64	22849	25157924	21103604
营 口	Yingkou	9338	139	100	22631	54882510	54757402
阜 新	Fuxin	2383	129	46	21690	21262141	20445496
辽 阳	Liaoyang	1175	52	38	31060	76465058	48773668
长 春	Changchun	16216	916	684	143483	558844419	497965110
长春净月	Changchun Jingyue	15302	412	265	34309	35184352	14823280
吉 林	Jilin	4523	453	50	60052	74999143	68532273
通 化	Tonghua	1239	88	24	11539	13176264	10389707
延 吉	Yanji	659	144	31	8969	17511531	16481168
哈尔滨	Harbin	25538	832	371	106481	192104135	88956678
齐齐哈尔	Qiqihar	448	129	60	24736	37609095	38117662
大 庆	Daqing	6255	394	229	68955	150258504	111107339
上海张江	Shanghai Zhangjiang	87250	11645	9232	1661721	3496015676	1348131255
上海紫竹	Shanghai Zizhu	4727	309	240	40977	91976603	38893704
南 京	Nanjing	201628	8004	4803	678084	1043282292	669556050
无 锡	Wuxi	49716	1412	894	285293	480026641	413580320
江 阴	Jiangyin	8766	525	290	96603	200750908	194274039
徐 州	Xuzhou	5648	273	175	66409	139475850	109512861
常 州	Changzhou	54173	1712	732	224600	310737731	268300107
武 进	Wujin	13004	614	417	157777	223851319	132282589
苏 州	Suzhou	44151	1706	964	229271	400757997	307325927
昆 山	Kunshan	39356	1088	751	189972	207203247	190284564
苏州工	Suzhou Industrial Park	94762	3492	1779	307193	605806662	501496116
常 熟	Changshu	9016	635	295	82187	127731309	123978577
南 通	Nantong	6842	510	230	103093	259937826	140131585
连云港	Lianyungang	4410	204	122	49371	76507795	78103851

1-3 续表 1 continued

地区	Region	工商注册企业数（个）Number of Registered Enterprises (unit)	入统企业数（个）Number of Enterprises to Collect Data (unit)	高新技术企业数（个）Number of Hi-tech Enterprises (unit)	年末从业人员（人）Year End Number of Employees (person)	营业收入（千元）Operating Revenue (1000 yuan)	工业总产值（千元）Gross Industrial Output Value (1000 yuan)
淮安	Huaian	2138	174	77	18888	17415624	16412789
盐城	Yancheng	8223	419	173	64659	71801154	31356224
扬州	Yangzhou	4462	315	218	38018	42257716	41758215
镇江	ZhenJiang	10714	392	244	45295	55569868	43467737
泰州	Taizhou	16240	544	127	85268	118455594	122700079
宿迁	Suqian	2693	210	97	35679	38415224	37456427
杭州	Hangzhou	73170	2589	1552	399252	785108418	399430823
萧山临江	Xiaoshan Linjiang	45473	1195	613	201104	350782123	290323601
宁波	Ningbo	53381	1690	1279	304681	550039787	394841904
温州	Wenzhou	22144	714	510	146329	120957218	118759462
嘉兴	Jiaxing	2811	192	98	66753	89587249	65722704
莫干山	Moganshan	6863	346	200	55621	66707943	57781818
绍兴	Shaoxing	40970	583	337	83705	100991964	90087334
衢州	Quzhou	5501	331	185	58731	109391198	101568769
合肥	Hefei	54147	2689	1478	336904	730321501	485962427
芜湖	Wuhu	16732	315	284	96422	155278011	135187570
蚌埠	Bengbu	5136	421	217	84044	139810681	75927167
淮南	Huainan	2870	139	36	17666	19615425	8816703
马鞍山慈湖	Ma'anshan Cihu	3647	231	123	40368	144300098	105295532
铜陵狮子山	Tongling Shizishan	3991	117	72	13257	39021583	33651915
福州	Fuzhou	8352	490	431	110915	134303732	106874872
厦门	Xiamen	10468	2013	1062	277984	371020120	317343267
莆田	Putian	1587	177	50	59456	97559321	68238811
三明	Sanming	753	110	25	18327	34924687	40399011
泉州	Quanzhou	6485	476	320	95751	84383649	97873757
漳州	Zhangzhou	4010	535	181	82091	86244729	83430749
龙岩	Longyan	2056	188	78	31276	52781407	51279923
南昌	Nanchang	13983	731	574	167735	403398284	365952472
景德镇	Jingdezhen	2809	292	161	68256	92684917	84772667
九江共青城	Jiujiang Gongqing City	13511	236	71	27249	34888943	34041400
新余	Xinyu	5668	281	100	82829	162774369	151869310
鹰潭	Yingtan	3812	182	72	26101	69756375	62634704
赣州	Ganzhou	1581	207	73	19015	32024500	21568833
吉安	Ji'an	627	169	61	41836	56117822	55086076
宜春丰城	Yichun Fengcheng	1082	203	85	28128	61858658	62046127
抚州	Fuzhou	7359	216	97	40337	68080188	62115906
济南	Jinan	63164	1633	1220	319650	630229617	450295580
青岛	Qingdao	21785	1124	949	203167	425291778	297950506
淄博	Zibo	16039	633	392	170513	249462375	228658679
枣庄	Zaozhuang	5636	172	27	16661	20058947	8005285
黄河三角洲	Huanghe Delta	737	34	9	3620	33615956	22959888
烟台	Yantai	15802	391	218	58402	73552624	50209777
潍坊	Weifang	21047	646	355	223724	479501965	353402584

1-3 续表 2 continued

地 区	Region	工商注册企业数（个）Number of Registered Enterprises (unit)	入统企业数（个）Number of Enterprises to Collect Data (unit)	高新技术企业数（个）Number of Hi-tech Enterprises (unit)	年末从业人员（人）Year End Number of Employees (person)	营业收入（千元）Operating Revenue (1000 yuan)	工业总产值（千元）Gross Industrial Output Value (1000 yuan)
济 宁	Jining	28117	647	160	170217	285912620	257602470
泰 安	Tai'an	9755	362	133	59509	83279251	66213651
威 海	Weihai	17902	334	217	125337	173401165	137669778
莱 芜	Laiwu	6022	190	100	28536	64761947	42084821
临 沂	Linyi	9532	419	105	61957	86352984	87572310
德 州	Dezhou	863	232	28	19314	24779601	23685808
郑 州	Zhengzhou	56950	2994	1661	213032	309696056	122431258
洛 阳	Luoyang	7983	1122	544	205829	275055761	227604738
平 顶 山	Pingdingshan	3848	142	55	29138	57858473	33467768
安 阳	Anyang	6019	362	58	75893	102132433	92353136
新 乡	Xinxiang	5094	331	104	54985	66548784	65012648
焦 作	Jiaozuo	3056	157	28	27208	28059716	22327088
南 阳	Nanyang	3319	220	52	50300	36539959	30261202
武 汉	Wuhan	103026	3757	3309	604500	1240523126	440617346
黄石大冶湖	Huangshi Dayehu	16490	529	232	75106	101183973	90920893
宜 昌	Yichang	11736	500	398	148314	204031023	149120984
襄 阳	Xiangyang	20203	910	307	196959	331980261	313012111
荆 门	Jingmen	12606	493	281	97645	144020455	143971502
孝 感	Xiaogan	12941	553	235	107539	160178269	131526293
荆 州	Jingzhou	3674	97	27	12732	16293564	15841155
黄 冈	Huanggang	8745	560	345	81907	82204733	78361931
咸 宁	Xianning	17056	465	270	81658	110298731	118020947
随 州	Suizhou	5913	344	112	55083	72216047	94486730
仙 桃	Xiantao	10120	392	103	69748	80686257	82593907
潜 江	Qianjiang	8021	60	39	12385	43163792	27941302
长 沙	Changsha	45707	1961	1580	318877	517020083	326985906
株 洲	Zhuzhou	15007	523	380	173512	289082902	224715305
湘 潭	Xiangtan	4491	373	212	91855	156060711	149904400
衡 阳	Hengyang	9562	239	149	52521	81131872	51195955
常 德	Changde	2053	450	124	48288	66445250	63569589
益 阳	Yiyang	7385	419	147	53542	89742335	85797194
郴 州	Chenzhou	1820	125	75	23850	29116204	22967406
怀 化	Huaihua	3618	193	156	15330	13761452	11435006
广 州	Guangzhou	154952	5707	3544	753891	1283121821	769177973
深 圳	Shenzhen	147872	7025	4929	1194372	2068385578	1355688386
珠 海	Zhuhai	8483	1611	1033	275350	318447797	235484900
汕 头	Shantou	2356	289	243	28352	25712319	20669504
佛 山	Foshan	47892	2365	1854	362485	521534060	443365545
江 门	Jiangmen	13627	715	548	116632	129732448	125956512
湛 江	Zhanjiang	9525	120	85	32330	111901171	106011123
茂 名	Maoming	2683	159	86	23317	38700647	34640071
肇 庆	Zhaoqing	2827	295	193	56591	65520547	63202909

1-3 续表 3 continued

地区	Region	工商注册企业数（个） Number of Registered Enterprises (unit)	入统企业数（个） Number of Enterprises to Collect Data (unit)	高新技术企业数（个） Number of Hi-tech Enterprises (unit)	年末从业人员（人） Year End Number of Employees (person)	营业收入（千元） Operating Revenue (1000 yuan)	工业总产值（千元） Gross Industrial Output Value (1000 yuan)
惠州	Huizhou	26656	759	505	205547	248200280	226454642
源城	Yuancheng	1796	155	69	53028	53046005	53038781
清远	Qingyuan	3282	222	152	63863	83752519	67790389
东莞	Dongguan	10556	908	360	146057	589830621	507169249
中山	Zhongshan	16352	797	469	155887	176135569	150119130
南宁	Nanning	28870	1136	774	187014	283802501	127592922
柳州	Liuzhou	3524	729	579	137716	275221902	212160295
桂林	Guilin	31109	738	349	110174	105048534	88396382
北海	Beihai	1578	136	50	52079	104815931	75614126
海口	Haikou	7336	355	209	40898	94833360	36709207
重庆	Chongqing	89565	1591	978	281509	421032572	365961325
璧山	Bishan	15170	347	226	69862	58370897	58414234
荣昌	Rongchang	4163	295	97	57460	60311452	60164422
永川	Yongchuan	1785	318	143	83674	116520587	111288914
成都	Chengdu	154187	3208	2678	466361	904208454	611865580
自贡	Zigong	9250	346	78	49455	67623229	66651114
攀枝花	Panzhihua	710	159	21	21307	50537624	50377835
泸州	Luzhou	2563	458	138	53560	81382147	60779111
德阳	Deyang	2180	250	89	41142	61533363	56928906
绵阳	Mianyang	11050	327	196	119213	164025200	84699421
内江	Neijiang	1676	148	51	19626	29740008	30498175
乐山	Leshan	1025	330	68	53859	79082441	78259820
贵阳	Guiyang	15372	1030	546	207030	269033536	115099757
安顺	Anshun	1776	173	75	26635	25163468	30964445
昆明	Kunming	12892	463	272	95566	249268981	149618984
玉溪	Yuxi	3835	114	47	28383	97628546	100648503
楚雄	Chuxiong	5618	81	30	10436	19533374	20119200
西安	Xi'an	116607	5148	2935	520938	851435371	612788405
宝鸡	Baoji	12966	793	222	160655	229381304	230226497
杨凌	Yangling	7455	227	53	26421	25815728	14195394
咸阳	Xianyang	1682	115	65	31116	63455098	63317662
渭南	Weinan	3152	154	33	23255	48930329	37497539
榆林	Yulin	6844	219	42	52197	111443169	80705148
安康	Ankang	3720	243	30	30005	50205364	20843738
兰州	Lanzhou	10220	698	362	125170	202659006	92518245
白银	Baiyin	853	221	71	61407	98163198	54753476
青海	Qinghai	2822	115	54	12731	6578371	5368388
银川	Yinchuan	3826	153	18	15651	12831178	7638023
石嘴山	Shizuishan	203	115	24	15601	16692653	13502725
乌鲁木齐	Urumqi	33118	511	163	234931	360674905	48232911
昌吉	Changji	1368	224	30	12963	25857830	13868588
新疆兵团	Xinjiang Corps	732	42	34	19620	55732994	37815265

1-3 续表 4 continued

单位: 千元 (1000 yuan)

地 区	Region	净利润 Net Profit	上缴税费 Taxes Submitted	出口总额 Export	年末资产 Year End Assets	年末负债 Year End Liabilities
合 计	**Total**	**3044225452**	**1862594979**	**4472664873**	**71666163579**	**41517993238**
北京中关村	Beijing Zhongguancun	564828322	261470123	266784968	15657382607	8747011453
天津滨海	Tianjin Binhai	26641110	19281833	31697768	927294726	535483203
石家庄	Shijiazhuang	19881890	12189441	8869151	662890594	370729284
唐 山	Tangshan	643709	777596	521458	19348796	9677720
保 定	Baoding	6727736	7720090	9366505	307011651	209454265
承 德	Chengde	1137075	834818	111839	28582424	18005448
燕 郊	Yanjiao	3151097	2867449	615007	73326878	55347631
太 原	Taiyuan	7874338	6861862	2512068	551117057	394113718
长 治	Changzhi	1861200	3971630	376860	117877337	75805995
呼和浩特	Hohhot	8840037	12782471	399436	122850348	62156472
包 头	Baotou	7840263	5673928	11186340	369266620	212263002
鄂尔多斯	Erdos	-37639	467769	1183647	55522578	35683830
沈 阳	Shenyang	5535555	5270986	5404090	214131633	100240023
大 连	Dalian	13368419	16021557	36083658	318928754	196975381
鞍 山	Anshan	13473368	6663126	3856399	92794405	46207168
本 溪	Benxi	324529	507499	465824	11422046	6358428
锦 州	Jinzhou	720722	755847	2056141	40077285	23197448
营 口	Yingkou	3534572	1625716	5423908	92504126	43135124
阜 新	Fuxin	1780160	556256	1549150	38993447	25998626
辽 阳	Liaoyang	-1348497	11325453	286363	123376939	63418837
长 春	Changchun	43103943	33100422	3175843	392500364	223670583
长春净月	Changchun Jingyue	5892636	2766898	949067	274423181	187750298
吉 林	Jilin	4765476	11470615	760449	56715499	23855920
通 化	Tonghua	1732500	850050	234142	34756583	14629146
延 吉	Yanji	742718	9117508	171771	17638757	7138260
哈尔滨	Harbin	3737259	14762441	9667325	339510649	211173635
齐齐哈尔	Qiqihar	1672552	1909846	2142160	50728352	30126463
大 庆	Daqing	6525436	10409804	3399263	131643069	77730287
上海张江	Shanghai Zhangjiang	230696596	140098185	310270194	6720862342	3552907312
上海紫竹	Shanghai Zizhu	22982174	5628957	5730705	172983017	69924676
南 京	Nanjing	56674266	48093107	113070681	1619710378	885661650
无 锡	Wuxi	36961779	19262504	148791364	599250048	280402197
江 阴	Jiangyin	13700175	7120773	29939130	243282805	142506684
徐 州	Xuzhou	10477142	6441996	6639560	79671906	34844394
常 州	Changzhou	20396022	12414379	44516604	499782485	280135477
武 进	Wujin	22761507	21593802	22739399	662599946	501576043
苏 州	Suzhou	21316321	15368428	172653185	610624101	356690651
昆 山	Kunshan	12765520	10509759	60108601	269208807	142759086
苏州工	Suzhou Industrial Park	48908741	29744981	211511325	863742986	433724311
常 熟	Changshu	5843121	4654364	28038087	155732482	79449522
南 通	Nantong	26695355	12813465	35827754	149051532	76574262
连云港	Lianyungang	15130126	8130703	3833292	107049802	34530384

1-3 续表 5 continued

单位：千元 (1000 yuan)

地　区	Region	净利润 Net Profit	上缴税费 Taxes Submitted	出口总额 Export	年末资产 Year End Assets	年末负债 Year End Liabilities
淮　安	Huaian	278502	531959	728732	27747293	13299566
盐　城	Yancheng	2431689	1959148	9252464	268576325	191274970
扬　州	Yangzhou	2582801	1795358	5736210	58874117	32829988
镇　江	ZhenJiang	1251555	1324987	5604858	86347775	51365571
泰　州	Taizhou	7284635	7445105	6630474	177481442	86708507
宿　迁	Suqian	2454784	1259942	4391421	48627943	23739198
杭　州	Hangzhou	80049022	34569077	57656354	1331597063	759896755
萧山临江	Xiaoshan Linjiang	18284261	11735301	41062443	491225494	299076218
宁　波	Ningbo	55177100	31492594	88949282	737134008	338319260
温　州	Wenzhou	15123506	5648812	14527760	188461676	78157999
嘉　兴	Jiaxing	11460330	3320857	17232280	134788266	52214308
莫干山	Moganshan	6068345	2584730	13400255	86537534	39285161
绍　兴	Shaoxing	8114803	3979154	17501538	144435356	70272781
衢　州	Quzhou	6654585	2964345	9713650	128482249	64484772
合　肥	Hefei	61400065	51398996	119538328	967556226	541050764
芜　湖	Wuhu	8315936	5321341	13386007	272764661	160837852
蚌　埠	Bengbu	8705515	8816501	2848843	268998573	183845513
淮　南	Huainan	1925363	463804	305453	56065194	32524719
马鞍山慈湖	Ma'anshan Cihu	5467766	3826176	4837678	142242081	89039846
铜陵狮子山	Tongling Shizishan	1209782	738424	2293355	21519612	9990354
福　州	Fuzhou	10157019	5105712	10959789	175034455	77639277
厦　门	Xiamen	23763604	10534804	106152575	469316344	253511679
莆　田	Putian	4534570	2587301	4456691	48849803	25612316
三　明	Sanming	1100738	452323	1059076	21778774	12853305
泉　州	Quanzhou	5313729	3126941	7811170	117552678	61233295
漳　州	Zhangzhou	7502358	2899917	9349352	78678320	42699244
龙　岩	Longyan	3702620	1305436	1935718	55134320	32123974
南　昌	Nanchang	22159529	25924757	33141823	374839399	181750476
景德镇	Jingdezhen	2420280	2131401	7730868	124112456	85938431
九江共青城	Jiujiang Gongqing City	3217061	674454	2478398	30890790	10708705
新　余	Xinyu	9438910	4594159	7982142	140924202	61253295
鹰　潭	Yingtan	4256187	2666780	2788943	41057627	9449413
赣　州	Ganzhou	1945156	800915	2312785	31437676	19176822
吉　安	Ji'an	4702495	1499004	32445264	31564449	16152461
宜春丰城	Yichun Fengcheng	4826240	4667578	1567493	48181874	23729366
抚　州	Fuzhou	5499020	2862526	2979593	68341107	30839028
济　南	Jinan	32807389	27907490	31645722	837055338	531797643
青　岛	Qingdao	30672438	17835221	65720549	656362298	402473424
淄　博	Zibo	15384151	21856310	22642097	317118370	153877681
枣　庄	Zaozhuang	1125554	882334	1922764	21184249	14856919
黄河三角洲	Huanghe Delta	56848	845682	49159	28386260	16393428
烟　台	Yantai	5356767	2862756	7172650	182939201	124272716
潍　坊	Weifang	23331409	11986231	37827768	529683651	344843793

1-3 续表 6 continued

单位：千元 (1000 yuan)

地　区	Region	净利润 Net Profit	上缴税费 Taxes Submitted	出口总额 Export	年末资产 Year End Assets	年末负债 Year End Liabilities
济　宁	Jining	13961511	8525663	12496751	343144266	179596978
泰　安	Tai'an	5782361	2772302	2197266	129118799	85810457
威　海	Weihai	19480201	7526227	27631313	246575231	108125126
莱　芜	Laiwu	1244330	1248615	3221091	58140642	33211571
临　沂	Linyi	7058309	3375688	3485286	41615147	22373635
德　州	Dezhou	586344	866431	2174164	35665068	26274986
郑　州	Zhengzhou	14474856	8586863	8938064	414458505	268251825
洛　阳	Luoyang	8472350	8147497	11558781	393194723	229267941
平顶山	Pingdingshan	2532504	1822198	2355320	93391934	57219063
安　阳	Anyang	5661135	7729457	2583575	123755918	85848617
新　乡	Xinxiang	10246588	2698145	5204044	62509632	21543367
焦　作	Jiaozuo	1905455	844569	1350660	22351305	13445975
南　阳	Nanyang	3656618	1582154	2551142	53873396	26581089
武　汉	Wuhan	44552638	42138617	104592429	2083233914	1324092821
黄石大冶湖	Huangshi Dayehu	6362256	3789957	3040340	213951230	118732620
宜　昌	Yichang	12720994	8082304	14600306	397258091	240282905
襄　阳	Xiangyang	28459946	12238725	6429443	253967553	138422550
荆　门	Jingmen	10114469	4655960	6633675	141534171	73768861
孝　感	Xiaogan	8446743	6988790	3231109	102311676	56992031
荆　州	Jingzhou	936798	281046	426610	15284264	8667031
黄　冈	Huanggang	4555037	3537712	3615714	94811601	52017003
咸　宁	Xianning	10424078	2650203	3982830	75433770	36749289
随　州	Suizhou	4421594	1843329	4954830	61397538	32282424
仙　桃	Xiantao	5690323	3755949	15218882	57088856	28482510
潜　江	Qianjiang	1224666	596308	745295	31836708	22435923
长　沙	Changsha	49933013	22451533	32937894	1041489930	620315096
株　洲	Zhuzhou	13462372	10347760	9811562	678595658	395018566
湘　潭	Xiangtan	9652514	4937695	7703454	171398525	111241997
衡　阳	Hengyang	2724343	1956013	10422688	139176697	82813886
常　德	Changde	3683338	1774933	736972	86776955	52754082
益　阳	Yiyang	3911382	3175843	4820912	45693522	22677257
郴　州	Chenzhou	630449	638034	6739229	31229373	16472882
怀　化	Huaihua	376440	479739	234612	16522389	10447230
广　州	Guangzhou	103744329	56497199	117653373	2319168306	1227603562
深　圳	Shenzhen	241359194	70520510	419273528	4869604292	3669734767
珠　海	Zhuhai	45703608	13492695	76049742	569389164	324286277
汕　头	Shantou	2198006	951644	3368312	44744294	17430854
佛　山	Foshan	37849312	19976365	87599627	624162309	343919191
江　门	Jiangmen	7639500	4880420	35839034	138108860	64882984
湛　江	Zhanjiang	11961812	7352167	9092515	201984366	127281431
茂　名	Maoming	2154846	1336075	1226398	32566048	16969906
肇　庆	Zhaoqing	3092255	2762930	5491159	83893690	52362027

1-3 续表 7 continued

单位：千元 (1000 yuan)

地 区	Region	净利润 Net Profit	上缴税费 Taxes Submitted	出口总额 Export	年末资产 Year End Assets	年末负债 Year End Liabilities
惠 州	Huizhou	17422042	8428272	90474295	342939471	221268794
源 城	Yuancheng	2383376	1629795	9140563	45743536	30505720
清 远	Qingyuan	5915735	2494905	8074837	145539141	108952719
东 莞	Dongguan	18399643	13580819	111059118	366022669	237594691
中 山	Zhongshan	11833437	6056739	54520642	231712607	118080878
南 宁	Nanning	10894866	6817904	40767677	360139577	246603408
柳 州	Liuzhou	5502296	8523055	10108295	281449672	208888902
桂 林	Guilin	8287871	5748634	9091213	128291970	73951144
北 海	Beihai	11381306	2103935	16568811	53879597	30771252
海 口	Haikou	2437856	6308936	1495120	114706788	72617832
重 庆	Chongqing	18928718	10101076	115962929	500310795	289042350
璧 山	Bishan	4049340	1781246	7320968	58131607	32052050
荣 昌	Rongchang	5772027	3663888	3832748	51353351	23039193
永 川	Yongchuan	11400958	7304098	4933408	142768619	78606805
成 都	Chengdu	85715381	37641513	270171859	1539348137	929293212
自 贡	Zigong	3630869	2433179	3092273	110175413	58367020
攀枝花	Panzhihua	4457779	1702638	576901	32372918	17647930
泸 州	Luzhou	5485966	2847671	2607064	77409651	37210343
德 阳	Deyang	2578319	1682975	833858	47338187	29796028
绵 阳	Mianyang	1845101	3348075	19641893	226900768	149933270
内 江	Neijiang	2467900	1090714	1551648	20320829	10479832
乐 山	Leshan	3361604	1984189	3431577	115020392	47675450
贵 阳	Guiyang	14405062	9542435	4928430	1139460452	713297649
安 顺	Anshun	809825	807465	517493	43831128	26274653
昆 明	Kunming	17098738	9302791	2836278	407837923	239061803
玉 溪	Yuxi	9303723	50466178	337667	163125549	30698728
楚 雄	Chuxiong	320572	291028	63269	13307475	8245699
西 安	Xi'an	80332984	66823563	132195221	1601593494	916500875
宝 鸡	Baoji	9690935	12654933	5063807	237150597	156274289
杨 凌	Yangling	2176866	819342	672200	56667763	37735978
咸 阳	Xianyang	2232877	9286364	9187947	105192928	50438847
渭 南	Weinan	3560491	1615031	2074130	80299252	36379367
榆 林	Yulin	16658784	14290823	151783	341556320	168121032
安 康	Ankang	8795761	2050170	841482	33943989	13476114
兰 州	Lanzhou	8625834	17616216	1925449	370020105	233673266
白 银	Baiyin	1919895	3184491	570764	120253424	66506368
青 海	Qinghai	451248	421853	47463	15185589	7167895
银 川	Yinchuan	-175187	370438	162880	24606470	17208377
石嘴山	Shizuishan	1008473	611034	657491	33521837	18780201
乌鲁木齐	Urumqi	17326235	11772559	714588	1144322749	665583688
昌 吉	Changji	1379885	646629	1450534	59730310	27954775
新疆兵团	Xinjiang Corps	3327494	1856034	138112	96216338	55121123

1-4 各高新区企业收入情况

Revenue Statistics of Enterprises in National Hi-tech Zones

单位：千元 (1000 yuan)

地　区	Region	营业收入 Operating Revenue	技术收入 Technical Income	产品销售收入 Product Sales Income	商品销售收入 Commodity Sales Income
合　计	**Total**	**42799805845**	**5882270319**	**29602330150**	**4032189435**
北京中关村	Beijing Zhongguancun	7227636866	1602737484	1978484820	2175275847
天津滨海	Tianjin Binhai	476439951	61257975	257689219	64033705
石家庄	Shijiazhuang	230513131	59136734	142658871	22418589
唐　山	Tangshan	12654698	817589	10611393	878433
保　定	Baoding	208149521	3981157	194148417	1938402
承　德	Chengde	19433821	1113662	17705554	19371
燕　郊	Yanjiao	56467745	2036840	37489502	280408
太　原	Taiyuan	338485063	14082981	313988909	3382963
长　治	Changzhi	45016650	397561	40788608	1232483
呼和浩特	Hohhot	141934168	899272	136219791	242755
包　头	Baotou	219979519	8417851	187650558	20044826
鄂尔多斯	Erdos	14383898	706622	12428178	616724
沈　阳	Shenyang	140341947	51448915	56749974	29700536
大　连	Dalian	237651675	28624746	168570649	30305879
鞍　山	Anshan	85937090	11430913	72006011	399636
本　溪	Benxi	6804052	200874	6409020	134292
锦　州	Jinzhou	25157924	272146	22818220	1005709
营　口	Yingkou	54882510	592019	52313387	63383
阜　新	Fuxin	21262141	522236	20252819	110344
辽　阳	Liaoyang	76465058	3730	47566836	26935399
长　春	Changchun	558844419	4795929	488396835	47441148
长春净月	Changchun Jingyue	35184352	1919937	28482518	2790095
吉　林	Jilin	74999143	2759545	67337576	53221
通　化	Tonghua	13176264	8436	9160013	3381212
延　吉	Yanji	17511531	83595	16420241	510163
哈尔滨	Harbin	192104135	23706592	147830091	15811976
齐齐哈尔	Qiqihar	37609095	267638	35580973	5607
大　庆	Daqing	150258504	4897861	134530228	2498768
上海张江	Shanghai Zhangjiang	3496015676	811296801	2212230406	241313322
上海紫竹	Shanghai Zizhu	91976603	22717211	63711025	2697179
南　京	Nanjing	1043282292	175381798	787354441	34215783
无　锡	Wuxi	480026641	13837197	454877018	3816224
江　阴	Jiangyin	200750908	3631048	180277108	2301847
徐　州	Xuzhou	139475850	709238	137184920	619004
常　州	Changzhou	310737731	30195434	266198245	5298356
武　进	Wujin	223851319	4843221	128328770	81391934
苏　州	Suzhou	400757997	37491807	331504089	24005184
昆　山	Kunshan	207203247	3074763	194155077	5421552
苏州工	Suzhou Industrial Park	605806662	61722012	500176215	19958728
常　熟	Changshu	127731309	2237394	121590870	1044669
南　通	Nantong	259937826	6528848	246982503	4401688
连云港	Lianyungang	76507795	1222074	72962212	782208

1-4 续表 1 continued

单位：千元 (1000 yuan)

地 区	Region	营业收入 Operating Revenue	技术收入 Technical Income	产品销售收入 Product Sales Income	商品销售收入 Commodity Sales Income
淮 安	Huaian	17415624	176137	16619687	316985
盐 城	Yancheng	71801154	2603065	47705288	16803976
扬 州	Yangzhou	42257716	1470840	39431531	87697
镇 江	ZhenJiang	55569868	1310212	52164287	1037152
泰 州	Taizhou	118455594	2481830	110574620	3637499
宿 迁	Suqian	38415224	1069295	36160223	316909
杭 州	Hangzhou	785108418	238762897	471228008	52106660
萧山临江	Xiaoshan Linjiang	350782123	6522145	311833997	12853936
宁 波	Ningbo	550039787	49582709	393330437	91776245
温 州	Wenzhou	120957218	2716575	114880090	508986
嘉 兴	Jiaxing	89587249	491640	76742064	6774220
莫 干 山	Moganshan	66707943	1374419	60154655	3931235
绍 兴	Shaoxing	100991964	1894114	89205389	2512952
衢 州	Quzhou	109391198	214140	101309188	3023515
合 肥	Hefei	730321501	150010690	534128294	11730117
芜 湖	Wuhu	155278011	2608016	144150442	1537201
蚌 埠	Bengbu	139810681	2875367	125541913	7388496
淮 南	Huainan	19615425	392250	17905869	522886
马鞍山慈湖	Ma'anshan Cihu	144300098	19206061	112928571	555572
铜陵狮子山	Tongling Shizishan	39021583	413638	34683967	2239240
福 州	Fuzhou	134303732	23568175	103351505	3739636
厦 门	Xiamen	371020120	25811424	288888566	26085640
莆 田	Putian	97559321	284470	66650605	24170003
三 明	Sanming	34924687	30924	34360089	339832
泉 州	Quanzhou	84383649	1295986	79912909	1043050
漳 州	Zhangzhou	86244729	385343	83471131	650243
龙 岩	Longyan	52781407	4136905	48090426	162149
南 昌	Nanchang	403398284	19868106	369161481	1931110
景 德 镇	Jingdezhen	92684917	3810535	87794749	95436
九江共青城	Jiujiang Gongqing City	34888943	2341935	32130589	170611
新 余	Xinyu	162774369	1408739	160168807	708671
鹰 潭	Yingtan	69756375	737369	64299462	3994182
赣 州	Ganzhou	32024500	455272	30727254	515964
吉 安	Ji'an	56117822	171856	55382002	294059
宜春丰城	Yichun Fengcheng	61858658	205553	60035594	1071955
抚 州	Fuzhou	68080188	1825425	64739796	312424
济 南	Jinan	630229617	67357327	545987621	4404495
青 岛	Qingdao	425291778	43723785	357794164	7456885
淄 博	Zibo	249462375	9341774	229644848	2712170
枣 庄	Zaozhuang	20058947	1386168	13201690	4222799
黄河三角洲	Huanghe Delta	33615956	25447	28858361	4591806
烟 台	Yantai	73552624	3617176	57851179	10541164
潍 坊	Weifang	479501965	3533420	444580751	1078921

1-4 续表 2 continued

单位：千元 (1000 yuan)

地 区	Region	营业收入 Operating Revenue	技术收入 Technical Income	产品销售收入 Product Sales Income	商品销售收入 Commodity Sales Income
济 宁	Jining	285912620	1148190	266920199	13469531
泰 安	Tai'an	83279251	5995700	61733670	4672514
威 海	Weihai	173401165	6752615	163445780	1677732
莱 芜	Laiwu	64761947	326027	61748299	293888
临 沂	Linyi	86352984	600425	85314498	94615
德 州	Dezhou	24779601	28851	23167155	133926
郑 州	Zhengzhou	309696056	33147814	239637573	19371739
洛 阳	Luoyang	275055761	5150363	259833983	1572511
平顶山	Pingdingshan	57858473	482715	38230081	1563919
安 阳	Anyang	102132433	3425924	96655668	519676
新 乡	Xinxiang	66548784	579052	64251529	958192
焦 作	Jiaozuo	28059716	1008634	25902145	808935
南 阳	Nanyang	36539959	3409092	30700086	1793687
武 汉	Wuhan	1240523126	424094247	652955346	57670757
黄石大冶湖	Huangshi Dayehu	101183973	3025196	88762173	1453730
宜 昌	Yichang	204031023	8006850	176836648	1751804
襄 阳	Xiangyang	331980261	19883775	297905857	4730161
荆 门	Jingmen	144020455	3451628	130102875	7350673
孝 感	Xiaogan	160178269	1693860	157188267	474181
荆 州	Jingzhou	16293564	439427	14526454	401472
黄 冈	Huanggang	82204733	2832944	73716714	3402505
咸 宁	Xianning	110298731	3499023	104553956	1513574
随 州	Suizhou	72216047	1755812	66994434	2421103
仙 桃	Xiantao	80686257	1145669	78848195	237816
潜 江	Qianjiang	43163792	974873	41931495	144565
长 沙	Changsha	517020083	61062576	388588361	47343579
株 洲	Zhuzhou	289082902	3043137	255102981	19603962
湘 潭	Xiangtan	156060711	17045310	132183529	842790
衡 阳	Hengyang	81131872	7390211	63344248	146949
常 德	Changde	66445250	259173	61418929	2450548
益 阳	Yiyang	89742335	7630781	81179985	570707
郴 州	Chenzhou	29116204	758452	27679604	88038
怀 化	Huaihua	13761452	833589	12222583	156724
广 州	Guangzhou	1283121821	234256982	944712814	42595035
深 圳	Shenzhen	2068385578	478004386	1428807762	75497189
珠 海	Zhuhai	318447797	14336483	287303559	5177442
汕 头	Shantou	25712319	1822195	22733668	851862
佛 山	Foshan	521534060	31129175	463421936	10655638
江 门	Jiangmen	129732448	1066660	123636491	502146
湛 江	Zhanjiang	111901171	1376534	105043295	1611008
茂 名	Maoming	38700647	572483	35423442	2324459
肇 庆	Zhaoqing	65520547	1566695	62587713	158461

1-4 续表 3 continued

单位：千元 (1000 yuan)

地　区	Region	营业收入 Operating Revenue	技术收入 Technical Income	产品销售收入 Product Sales Income	商品销售收入 Commodity Sales Income
惠　州	Huizhou	248200280	23222909	217228200	1756718
源　城	Yuancheng	53046005	958108	47612950	701071
清　远	Qingyuan	83752519	2138141	74104306	4048530
东　莞	Dongguan	589830621	5347416	540247973	6994598
中　山	Zhongshan	176135569	2923896	152095705	13691349
南　宁	Nanning	283802501	59687372	202638482	12492614
柳　州	Liuzhou	275221902	33881859	216424957	15782413
桂　林	Guilin	105048534	9223399	83909219	6917690
北　海	Beihai	104815931	2975643	99998708	1045074
海　口	Haikou	94833360	18924685	37709712	5359026
重　庆	Chongqing	421032572	40116686	360301654	3048781
璧　山	Bishan	58370897	2067244	54870840	459763
荣　昌	Rongchang	60311452	595990	58289447	1143512
永　川	Yongchuan	116520587	6428097	107783756	737903
成　都	Chengdu	904208454	201435006	629315897	41824819
自　贡	Zigong	67623229	860750	62633223	1526059
攀枝花	Panzhihua	50537624	469801	46795451	2069507
泸　州	Luzhou	81382147	2503569	73414375	3284796
德　阳	Deyang	61533363	385471	59991106	610559
绵　阳	Mianyang	164025200	2256079	159052089	1445745
内　江	Neijiang	29740008	1782570	25502333	886581
乐　山	Leshan	79082441	397049	73240631	4280661
贵　阳	Guiyang	269033536	38304225	187894049	15683047
安　顺	Anshun	25163468	478577	24033176	228855
昆　明	Kunming	249268981	8159273	162853367	73145487
玉　溪	Yuxi	97628546	55323	88412969	36553
楚　雄	Chuxiong	19533374	154701	19183649	44197
西　安	Xi'an	851435371	195243692	548741607	23741676
宝　鸡	Baoji	229381304	1796184	212082674	7367317
杨　凌	Yangling	25815728	4445670	17269048	1612159
咸　阳	Xianyang	63455098	2980923	57500152	585685
渭　南	Weinan	48930329	265044	30643693	16818250
榆　林	Yulin	111443169	1477898	94453305	11766817
安　康	Ankang	50205364	10643644	22160119	11937569
兰　州	Lanzhou	202659006	17000462	103933198	8679739
白　银	Baiyin	98163198	959096	95346645	224688
青　海	Qinghai	6578371	521151	5194240	139577
银　川	Yinchuan	12831178	594105	8859547	2880454
石嘴山	Shizuishan	16692653	157371	14359512	300276
乌鲁木齐	Urumqi	360674905	21099575	72127159	171435199
昌　吉	Changji	25857830	688722	16844611	3250434
新疆兵团	Xinjiang Corps	55732994	140575	40438225	14409708

1-5 各高新区企业人员情况

Personnel Statistics of Enterprises in National Hi-tech Zones

单位：人 (person)

地区	Region	年末从业人员 Year End Number of Employees	留学归国人员 Returned Overseas Scholars	外籍常驻人员 Foreign Personnel in Residence	大专以上 College and Higher Level
合 计	**Total**	**23835165**	**210342**	**71589**	**14446273**
北京中关村	Beijing Zhongguancun	2900099	56197	5020	2377271
天津滨海	Tianjin Binhai	284107	1032	512	176736
石家庄	Shijiazhuang	174057	716	138	135088
唐 山	Tangshan	17812	157	73	12013
保 定	Baoding	108513	57	387	66313
承 德	Chengde	15644	19		9958
燕 郊	Yanjiao	29446	177	173	14222
太 原	Taiyuan	153120	318	14	99188
长 治	Changzhi	46464	35	24	22875
呼和浩特	Hohhot	76851	268	10	53027
包 头	Baotou	99278	241	41	65548
鄂尔多斯	Erdos	9067	11	8	4544
沈 阳	Shenyang	108605	712	47	86434
大 连	Dalian	200118	4210	789	149127
鞍 山	Anshan	42002	322	80	25400
本 溪	Benxi	9082	26	6	4625
锦 州	Jinzhou	22849	26	16	8007
营 口	Yingkou	22631	33	15	10245
阜 新	Fuxin	21690	14	11	9180
辽 阳	Liaoyang	31060	15	1	12348
长 春	Changchun	143483	682	392	102844
长春净月	Changchun Jingyue	34309	237	45	21568
吉 林	Jilin	60052	284	103	39896
通 化	Tonghua	11539	4		5189
延 吉	Yanji	8969	18	100	4916
哈尔滨	Harbin	106481	380	27	68851
齐齐哈尔	Qiqihar	24736	3		12957
大 庆	Daqing	68955	24	186	38049
上海张江	Shanghai Zhangjiang	1661721	33012	9878	1265550
上海紫竹	Shanghai Zizhu	40977	1192	661	36879
南 京	Nanjing	678084	5483	1622	491202
无 锡	Wuxi	285293	1133	1579	135790
江 阴	Jiangyin	96603	444	352	41871
徐 州	Xuzhou	66409	126	60	50926
常 州	Changzhou	224600	1497	1324	111415
武 进	Wujin	157777	453	343	84685
苏 州	Suzhou	229271	1671	1916	123185
昆 山	Kunshan	189972	420	867	72508
苏州工	Suzhou Industrial Park	307193	13456	8238	239087
常 熟	Changshu	82187	271	665	28434
南 通	Nantong	103093	475	126	65040
连云港	Lianyungang	49371	134	26	33976

1-5 续表 1 continued

单位：人 (person)

地　区	Region	年末从业人员 Year End Number of Employees	留学归国人员 Returned Overseas Scholars	外籍常驻人员 Foreign Personnel in Residence	大专以上 College and Higher Level
淮　安	Huaian	18888	20	125	7085
盐　城	Yancheng	64659	121	103	23967
扬　州	Yangzhou	38018	346	62	22686
镇　江	ZhenJiang	45295	104	38	20475
泰　州	Taizhou	85268	240	187	32037
宿　迁	Suqian	35679	148	24	15911
杭　州	Hangzhou	399252	4317	782	336041
萧山临江	Xiaoshan Linjiang	201104	596	406	84622
宁　波	Ningbo	304681	2190	1270	158070
温　州	Wenzhou	146329	800	81	50286
嘉　兴	Jiaxing	66753	93	217	22545
莫干山	Moganshan	55621	136	148	20848
绍　兴	Shaoxing	83705	150	44	31525
衢　州	Quzhou	58731	32	36	16197
合　肥	Hefei	336904	12266	2700	243277
芜　湖	Wuhu	96422	147	92	47868
蚌　埠	Bengbu	84044	145	77	38132
淮　南	Huainan	17666	54		9949
马鞍山慈湖	Ma'anshan Cihu	40368	32	23	19396
铜陵狮子山	Tongling Shizishan	13257	6	1	5885
福　州	Fuzhou	110915	333	263	74058
厦　门	Xiamen	277984	1847	1313	151656
莆　田	Putian	59456	154	411	11711
三　明	Sanming	18327	3	7	5459
泉　州	Quanzhou	95751	107	129	28378
漳　州	Zhangzhou	82091	40	79	16142
龙　岩	Longyan	31276	34	18	7778
南　昌	Nanchang	167735	1961	349	110343
景德镇	Jingdezhen	68256	249	64	25544
九江共青城	Jiujiang Gongqing City	27249	20	31	8727
新　余	Xinyu	82829	444	205	28908
鹰　潭	Yingtan	26101	237	104	10150
赣　州	Ganzhou	19015	130	66	9050
吉　安	Ji'an	41836	86	333	13726
宜春丰城	Yichun Fengcheng	28128	7	13	7880
抚　州	Fuzhou	40337	67	32	20601
济　南	Jinan	319650	1044	489	244192
青　岛	Qingdao	203167	954	259	120445
淄　博	Zibo	170513	277	57	83751
枣　庄	Zaozhuang	16661	41	24	8366
黄河三角洲	Huanghe Delta	3620	1		1624
烟　台	Yantai	58402	560	136	29807
潍　坊	Weifang	223724	413	184	98013

1-5 续表 2 continued

单位：人 (person)

地 区	Region	年末从业人员 Year End Number of Employees	留学归国人员 Returned Overseas Scholars	外籍常驻人员 Foreign Personnel in Residence	大专以上 College and Higher Level
济 宁	Jining	170217	178	84	74970
泰 安	Tai'an	59509	55	9	30066
威 海	Weihai	125337	467	343	55568
莱 芜	Laiwu	28536	16	11	11539
临 沂	Linyi	61957	134	68	37082
德 州	Dezhou	19314	16	23	5273
郑 州	Zhengzhou	213032	2896	453	150269
洛 阳	Luoyang	205829	339	5	91690
平 顶 山	Pingdingshan	29138	79	23	17442
安 阳	Anyang	75893	193	112	38387
新 乡	Xinxiang	54985	90	71	24185
焦 作	Jiaozuo	27208	250	33	13487
南 阳	Nanyang	50300	37	4	25783
武 汉	Wuhan	604500	3990	1550	465964
黄石大冶湖	Huangshi Dayehu	75106	77	28	26855
宜 昌	Yichang	148314	220	166	65938
襄 阳	Xiangyang	196959	417	1882	92824
荆 门	Jingmen	97645	258	40	40863
孝 感	Xiaogan	107539	126	88	51078
荆 州	Jingzhou	12732	24	11	5819
黄 冈	Huanggang	81907	151	55	32784
咸 宁	Xianning	81658	171	14	38204
随 州	Suizhou	55083	52	6	20381
仙 桃	Xiantao	69748	24	34	15010
潜 江	Qianjiang	12385	9	4	4356
长 沙	Changsha	318877	2160	713	211418
株 洲	Zhuzhou	173512	330	127	100481
湘 潭	Xiangtan	91855	298	61	46513
衡 阳	Hengyang	52521	94	34	24695
常 德	Changde	48288	31	3	13461
益 阳	Yiyang	53542	551	308	23882
郴 州	Chenzhou	23850	22	31	8418
怀 化	Huaihua	15330	8	4	5871
广 州	Guangzhou	753891	4905	2609	476677
深 圳	Shenzhen	1194372	13415	2724	757498
珠 海	Zhuhai	275350	777	548	101133
汕 头	Shantou	28352	287	10	10658
佛 山	Foshan	362485	2922	1926	158181
江 门	Jiangmen	116632	100	177	34183
湛 江	Zhanjiang	32330	48	19	16080
茂 名	Maoming	23317	19	4	8970
肇 庆	Zhaoqing	56591	170	234	16959

1-5 续表 3 continued

单位: 人 (person)

地 区	Region	年末从业人员 Year End Number of Employees	留学归国人员 Returned Overseas Scholars	外籍常驻人员 Foreign Personnel in Residence	大专以上 College and Higher Level
惠 州	Huizhou	205547	676	1133	84525
源 城	Yuancheng	53028	62	102	21080
清 远	Qingyuan	63863	71	66	18295
东 莞	Dongguan	146057	1100	174	69134
中 山	Zhongshan	155887	227	936	47358
南 宁	Nanning	187014	282	32	94557
柳 州	Liuzhou	137716	220	40	71499
桂 林	Guilin	110174	259	138	55146
北 海	Beihai	52079	30	87	20565
海 口	Haikou	40898	85	14	22438
重 庆	Chongqing	281509	434	397	114207
璧 山	Bishan	69862	903	278	32680
荣 昌	Rongchang	57460	58	46	14975
永 川	Yongchuan	83674	17	50	21787
成 都	Chengdu	466361	4790	966	361355
自 贡	Zigong	49455	19	46	19135
攀枝花	Panzhihua	21307	4	1	9809
泸 州	Luzhou	53560	26	71	21780
德 阳	Deyang	41142	17	3	16199
绵 阳	Mianyang	119213	96	82	50020
内 江	Neijiang	19626	92	92	7527
乐 山	Leshan	53859	81	47	16376
贵 阳	Guiyang	207030	300	103	117933
安 顺	Anshun	26635	8		11887
昆 明	Kunming	95566	137	11	52705
玉 溪	Yuxi	28383	42	4	17197
楚 雄	Chuxiong	10436	37		3709
西 安	Xi'an	520938	6020	4600	451480
宝 鸡	Baoji	160655	197	53	77434
杨 凌	Yangling	26421	15	21	11743
咸 阳	Xianyang	31116	52	81	18234
渭 南	Weinan	23255	30	8	12260
榆 林	Yulin	52197	19		32503
安 康	Ankang	30005	67	22	14294
兰 州	Lanzhou	125170	255	35	73077
白 银	Baiyin	61407	22	10	23088
青 海	Qinghai	12731	51	8	7692
银 川	Yinchuan	15651	54	4	9377
石嘴山	Shizuishan	15601	18	30	7613
乌鲁木齐	Urumqi	234931	90	134	106672
昌 吉	Changji	12963	24	154	6789
新疆兵团	Xinjiang Corps	19620	12	4	9166

1-6 各国家高新区企业R&D活动与科技活动情况
R&D Activities and Science and Technology Activities of Enterprises in National Hi-tech Zones by Region

地　区	Region	科技活动人员（人）Personnel Engaged in Science and Technology Activities (person)	R&D人员（人）R&D Personnel (person)	R&D人员全时当量（人年）R&D Personnel Full Time Equivalent (man year)	科技活动经费内部支出（千元）Intramural Expenditures on Science and Technology Activities (1000 yuan)	R&D经费内部支出（千元）Intramural Expenditure on R&D (1000 yuan)
合　计	**Total**	**5144238**	**2961466**	**2023547**	**1731383128**	**919216086**
北京中关村	Beijing Zhongguancun	901109	299572	197307	328457833	114088084
天津滨海	Tianjin Binhai	55905	33452	19663	12969777	6730363
石家庄	Shijiazhuang	33169	18121	13843	10468131	6056218
唐　山	Tangshan	4287	1570	751	540413	219799
保　定	Baoding	26525	14116	9293	6410764	3319797
承　德	Chengde	1842	769	376	221971	116282
燕　郊	Yanjiao	3178	1530	861	787314	373937
太　原	Taiyuan	31932	9501	5778	7393830	1816468
长　治	Changzhi	5323	3413	2206	1258667	619904
呼和浩特	Hohhot	3669	1495	651	2432386	1168071
包　头	Baotou	18576	13833	9346	8586049	5660425
鄂尔多斯	Erdos	1745	1222	300	294479	170295
沈　阳	Shenyang	20392	16936	10523	3711375	2663211
大　连	Dalian	36968	17943	11376	9349765	2919766
鞍　山	Anshan	8760	7533	4375	3371481	2409131
本　溪	Benxi	1545	1078	616	226576	121738
锦　州	Jinzhou	2581	1448	857	598766	345806
营　口	Yingkou	3231	2601	1842	1555870	1149708
阜　新	Fuxin	2021	1313	926	449686	234151
辽　阳	Liaoyang	6305	3407	1580	853522	212964
长　春	Changchun	22384	7501	4226	8276256	3824412
长春净月	Changchun Jingyue	5413	779	500	1299704	219342
吉　林	Jilin	8686	4543	3683	1674641	695018
通　化	Tonghua	2237	1623	778	367508	164324
延　吉	Yanji	476	147	75	74296	4598
哈尔滨	Harbin	16955	8721	6140	3156593	1814560
齐齐哈尔	Qiqihar	3862	2450	2036	773589	265290
大　庆	Daqing	5865	2910	1637	1051725	306692
上海张江	Shanghai Zhangjiang	523821	154507	102595	207704962	63158741
上海紫竹	Shanghai Zizhu	14400	3769	2644	7706131	1757351
南　京	Nanjing	206784	138013	96801	53471727	31447003
无　锡	Wuxi	46156	38360	25661	14312506	8566436
江　阴	Jiangyin	16454	15654	12048	6731148	5284876
徐　州	Xuzhou	10373	9567	6899	3140615	2254463
常　州	Changzhou	26763	17008	12613	8575529	4676127
武　进	Wujin	18356	15729	12488	5131419	3765461
苏　州	Suzhou	43644	40883	32806	12112877	9199876
昆　山	Kunshan	28997	17537	13103	7756319	4018072
苏州工	Suzhou Industrial Park	92965	91752	73341	32522877	26526181
常　熟	Changshu	9302	8771	5829	3953685	3030434
南　通	Nantong	9320	6472	4688	4125792	2141408
连云港	Lianyungang	9497	5960	4331	7948573	5778673

地　区	Region	科技活动人员（人）Personnel Engaged in Science and Technology Activities (person)	R&D人员（人）R&D Personnel (person)	R&D人员全时当量（人年）R&D Personnel Full Time Equivalent (man year)	科技活动经费内部支出（千元）Intramural Expenditures on Science and Technology Activities (1000 yuan)	R&D经费内部支出（千元）Intramural Expenditure on R&D (1000 yuan)
淮　安	Huaian	2519	1874	1324	807484	463084
盐　城	Yancheng	5061	3938	2475	1136929	766080
扬　州	Yangzhou	7575	5483	4152	1927191	1131649
镇　江	ZhenJiang	8113	4077	2563	2440288	719891
泰　州	Taizhou	5749	2710	1974	3006412	734199
宿　迁	Suqian	4453	4068	3057	1358260	977555
杭　州	Hangzhou	150116	72794	59890	55405271	30531133
萧山临江	Xiaoshan Linjiang	28077	19873	11782	8772169	5354387
宁　波	Ningbo	66638	53123	33739	18814984	13415348
温　州	Wenzhou	21888	15433	8934	4481949	2588993
嘉　兴	Jiaxing	9499	5476	3344	2982756	1413383
莫干山	Moganshan	8267	7356	4461	2110794	1580745
绍　兴	Shaoxing	12350	7490	4727	3712361	2061373
衢　州	Quzhou	6693	4305	1758	2630283	1255261
合　肥	Hefei	106442	63655	50659	42303485	27429099
芜　湖	Wuhu	23632	18946	12574	8036040	4959581
蚌　埠	Bengbu	11524	7050	5167	3725522	1377175
淮　南	Huainan	1975	1521	979	542398	327250
马鞍山慈湖	Ma'anshan Cihu	7855	5799	4172	3534797	2327962
铜陵狮子山	Tongling Shizishan	1781	1464	789	498171	341021
福　州	Fuzhou	32248	18679	14426	7359803	4104765
厦　门	Xiamen	60141	55745	34851	13650841	9838728
莆　田	Putian	3381	2410	1816	1168889	699322
三　明	Sanming	1238	1124	795	348232	255379
泉　州	Quanzhou	11401	8344	5701	2382967	1536623
漳　州	Zhangzhou	7717	4949	3124	2054431	1225666
龙　岩	Longyan	3422	2815	1991	1442414	956753
南　昌	Nanchang	36305	30596	17887	10624930	7466045
景德镇	Jingdezhen	9110	7525	4416	3095964	2286784
九江共青城	Jiujiang Gongqing City	1420	1143	663	592617	340743
新　余	Xinyu	6762	5605	4284	2363781	1760950
鹰　潭	Yingtan	3781	3288	2476	1344783	1091803
赣　州	Ganzhou	2898	1880	1309	761067	443864
吉　安	Ji'an	6129	5868	2308	1636726	1209453
宜春丰城	Yichun Fengcheng	3398	2976	2000	1315513	867763
抚　州	Fuzhou	5208	4580	2874	1703971	1280868
济　南	Jinan	76134	53433	41372	19880499	14094067
青　岛	Qingdao	46478	27411	15560	16530469	10564242
淄　博	Zibo	25849	22722	14129	7623083	5495548
枣　庄	Zaozhuang	1734	1269	888	391991	175060
黄河三角洲	Huanghe Delta	249	64	36	68769	21950
烟　台	Yantai	8583	4959	3082	3969059	2209837
潍　坊	Weifang	31715	23298	15421	11063284	7658595

地 区	Region	科技活动人员（人） Personnel Engaged in Science and Technology Activities (person)	R&D人员（人） R&D Personnel (person)	R&D人员全时当量（人年） R&D Personnel Full Time Equivalent (man year)	科技活动经费内部支出（千元） Intramural Expenditures on Science and Technology Activities (1000 yuan)	R&D经费内部支出（千元） Intramural Expenditure on R&D (1000 yuan)
济 宁	Jining	11961	8047	5660	4198335	2534421
泰 安	Tai'an	9284	7457	4412	2457622	1601875
威 海	Weihai	17934	12694	7601	4939079	3011700
莱 芜	Laiwu	5253	3351	1995	2505458	1134839
临 沂	Linyi	6882	3737	2255	2506719	1478582
德 州	Dezhou	2010	1363	765	588612	340444
郑 州	Zhengzhou	52911	17411	11382	11726285	3315593
洛 阳	Luoyang	38738	27731	21860	11626931	7408501
平 顶 山	Pingdingshan	4416	2367	1739	1355200	367185
安 阳	Anyang	6329	4954	3745	1545154	1197673
新 乡	Xinxiang	6530	3885	2771	2558795	1605125
焦 作	Jiaozuo	2301	1130	830	659905	300420
南 阳	Nanyang	6536	4956	3982	1609245	911822
武 汉	Wuhan	153377	121269	89216	53994889	33295209
黄石大冶湖	Huangshi Dayehu	8874	6433	4511	2280128	1334065
宜 昌	Yichang	23683	15877	11449	8321545	5508480
襄 阳	Xiangyang	28810	24247	16800	10032549	6915483
荆 门	Jingmen	16532	8234	5818	4827561	1661684
孝 感	Xiaogan	12093	5262	3172	4029008	1322608
荆 州	Jingzhou	1101	909	512	431649	313058
黄 冈	Huanggang	9709	3864	2550	2011482	526716
咸 宁	Xianning	9432	5536	3990	2721281	1632701
随 州	Suizhou	4260	2640	1680	1688780	1003244
仙 桃	Xiantao	5436	5057	3914	1687848	1232765
潜 江	Qianjiang	1625	700	372	1430096	805777
长 沙	Changsha	71309	51673	31743	21361037	15535844
株 洲	Zhuzhou	32178	25102	15725	12586092	7942629
湘 潭	Xiangtan	13694	9959	7617	5731272	3841949
衡 阳	Hengyang	7266	4090	2477	2323597	1254394
常 德	Changde	4487	1876	1153	2404594	956704
益 阳	Yiyang	7599	4338	3363	3837464	1544972
郴 州	Chenzhou	3235	1439	736	924147	235851
怀 化	Huaihua	2157	987	409	494846	180206
广 州	Guangzhou	188944	125507	73237	57966688	34774745
深 圳	Shenzhen	349157	253939	177489	147049747	106530160
珠 海	Zhuhai	58717	53980	33681	15379895	11911021
汕 头	Shantou	5744	4089	2373	1126917	642094
佛 山	Foshan	70965	45642	28016	19045677	9911422
江 门	Jiangmen	18369	16683	8817	4476850	3119194
湛 江	Zhanjiang	4500	1367	829	2102748	506041
茂 名	Maoming	3974	2282	1122	849840	436210
肇 庆	Zhaoqing	8260	4087	1957	2156791	1043457

1-6 续表 3 continued

地　区	Region	科技活动人员（人）Personnel Engaged in Science and Technology Activities (person)	R&D人员（人）R&D Personnel (person)	R&D人员全时当量（人年）R&D Personnel Full Time Equivalent (man year)	科技活动经费内部支出（千元）Intramural Expenditures on Science and Technology Activities (1000 yuan)	R&D经费内部支出（千元）Intramural Expenditure on R&D (1000 yuan)
惠　州	Huizhou	27282	19678	13330	8530488	5797413
源　城	Yuancheng	4024	3850	3237	788855	545434
清　远	Qingyuan	8315	4043	2305	2349143	1176617
东　莞	Dongguan	31262	24634	20141	22112107	17521820
中　山	Zhongshan	19294	13948	7866	4874521	2927208
南　宁	Nanning	29643	12533	5909	7471481	2971792
柳　州	Liuzhou	27464	14688	10559	9618599	4824824
桂　林	Guilin	12855	7139	3659	2423884	938219
北　海	Beihai	4741	2942	2389	1964360	909781
海　口	Haikou	6097	2145	1144	1639286	498162
重　庆	Chongqing	44754	31681	17957	12925935	7484284
璧　山	Bishan	9228	6555	3873	2680064	1631212
荣　昌	Rongchang	4012	3666	2228	1304830	1066320
永　川	Yongchuan	7489	5175	3591	2457725	1475018
成　都	Chengdu	128951	82446	59279	39095095	25783158
自　贡	Zigong	5426	3870	2483	1518835	1091674
攀枝花	Panzhihua	1910	604	413	980306	354770
泸　州	Luzhou	4780	3473	2265	1240883	795468
德　阳	Deyang	4500	2853	1975	993125	407896
绵　阳	Mianyang	18123	13813	10732	5826762	4099851
内　江	Neijiang	2807	1973	1383	721540	334329
乐　山	Leshan	3664	1832	1009	1046539	444484
贵　阳	Guiyang	25756	12555	8003	6426400	3323461
安　顺	Anshun	3874	3128	1863	722570	480445
昆　明	Kunming	10888	5313	2484	2611126	1365816
玉　溪	Yuxi	3425	2265	693	1001872	279266
楚　雄	Chuxiong	1450	735	497	530892	336793
西　安	Xi'an	159578	92484	78726	55817474	36710937
宝　鸡	Baoji	23554	17328	12043	6043206	3844748
杨　凌	Yangling	1908	304	138	442727	22669
咸　阳	Xianyang	4541	2909	1608	1372431	484321
渭　南	Weinan	2469	2195	1555	654143	442748
榆　林	Yulin	2569	1211	641	835639	342337
安　康	Ankang	1009	449	319	690270	247804
兰　州	Lanzhou	13074	3056	1975	3211115	864563
白　银	Baiyin	3931	2780	2044	925989	441849
青　海	Qinghai	1703	734	395	200368	58210
银　川	Yinchuan	1204	230	114	206089	66926
石嘴山	Shizuishan	1919	1349	658	596322	361085
乌鲁木齐	Urumqi	6739	860	404	1696050	316583
昌　吉	Changji	1249	72	42	572167	12350
新疆兵团	Xinjiang Corps	2924	1191	576	1300805	371146

1-7　高新区企业主要经济指标(按登记注册类型分类)

Main Economic Indicators of Enterprises in National Hi-tech Zones by Registration Category

企业登记注册类型 Registration Category	入统企业数(个) Number of Enterprises to Collect Data (unit)	高新技术企业数(个) Number of Hi-tech Enterprises (unit)	年末从业人员(人) Year End Number of Employees (person)	营业收入(千元) Operating Revenue (1000 yuan)	工业总产值(千元) Gross Industrial Output Value (1000 yuan)
合　计 Total	**165357**	**99305**	**23835165**	**42799805845**	**25635583089**
#国有企业 State-owned Enterprises	3046	1588	1788721	4019549002	2049921231
集体企业 Collective-owned Enterprises	222	63	109571	239118700	174146316
股份合作企业 Cooperative Enterprises	427	224	47358	43980810	32008851
联营企业 Joint Ownership Enterprises	104	61	13577	15391996	12339172
有限责任公司 Limited Liability Corporations	50711	31442	7263541	14088532965	7005987691
股份有限公司 Share-holding Corporations Ltd.	10380	7765	3756455	6614521943	4082467288
私营企业 Private Enterprises	85236	51615	5529351	6673622923	4393174591
港澳台投资企业 Enterprises with Funds from HongKong, Macao and Taiwan	5196	2585	2195173	4335119963	2410404279
外商投资企业 Foreign Funded Enterprises	8540	3319	2834856	6237874310	5190924198

1-7　续表 continued

单位：千元　　(1000 yuan)

企业登记注册类型 Registration Category	净利润 Net Profit	上缴税费 Taxes Submitted	出口总额 Export	年末资产 Year End Assets	年末负债 Year End Liabilities
合　计 Total	**3044225452**	**1862594979**	**4472664873**	**71666163579**	**41517993238**
#国有企业 State-owned Enterprises	219604771	223338387	107392295	9241580739	5315352568
集体企业 Collective-owned Enterprises	20194887	11903683	34698478	408263108	273368782
股份合作企业 Cooperative Enterprises	2145410	1492601	3013232	68690867	35729763
联营企业 Joint Ownership Enterprises	582984	440565	661213	24624261	13025841
有限责任公司 Limited Liability Corporations	793593112	573397517	871570862	22443745020	14442318971
股份有限公司 Share-holding Corporations Ltd.	636633910	321811060	576398403	17384212882	9468959945
私营企业 Private Enterprises	384205183	232053268	488259874	7886647107	4673467241
港澳台投资企业 Enterprises with Funds from HongKong, Macao and Taiwan	427456733	156685816	743729937	5951100923	3289539913
外商投资企业 Foreign Funded Enterprises	521234704	320017059	1607788448	7505500630	3579573588

1-8 高新区企业收入情况(按登记注册类型分类)

Revenue Statistics of Enterprises in National Hi-tech Zones by Registration Category

单位：千元 (1000 yuan)

企业登记注册类型 Registration Category	营业收入 Operating Revenue	技术收入 Technical Income	产品销售收入 Product Sales Income	商品销售收入 Commodity Sales Income
合 计 Total	**42799805845**	**5882270319**	**29602330150**	**4032189435**
#国有企业 State-owned Enterprises	4019549002	575680293	2886891044	237207946
集体企业 Collective-owned Enterprises	239118700	20708038	204493553	1003479
股份合作企业 Cooperative Enterprises	43980810	2809631	36455807	3211305
联营企业 Joint Ownership Enterprises	15391996	1959283	12666607	85104
有限责任公司 Limited Liability Corporations	14088532965	2413111544	8469011998	1557161650
股份有限公司 Share-holding Corporations Ltd.	6614521943	709959139	4907756707	510443685
私营企业 Private Enterprises	6673622923	865185681	5025134367	362339009
港澳台投资企业 Enterprises with Funds from HongKong, Macao and Taiwan	4335119963	867861782	2483460512	809447897
外商投资企业 Foreign Funded Enterprises	6237874310	349379602	5226773138	460221120

1-9 高新区企业人员情况(按登记注册类型分类)

Personnel of Statistics Enterprises in National Hi-tech Zones by Registration Category

单位：人 (person)

企业登记注册类型 Registration Category	年末从业人员 Year End Number of Employees	留学归国人员 Returned Overseas Scholars	外籍常驻人员 Foreign Personnel in Residence	大专以上 College and Higher Level
合 计 Total	**23835165**	**210342**	**71589**	**14446273**
#国有企业 State-owned Enterprises	1788721	22349	2604	1187485
集体企业 Collective-owned Enterprises	109571	480	77	46114
股份合作企业 Cooperative Enterprises	47358	118	20	24110
联营企业 Joint Ownership Enterprises	13577	55	10	8227
有限责任公司 Limited Liability Corporations	7263541	54449	10824	4635065
股份有限公司 Share-holding Corporations Ltd.	3756455	29954	6659	2489439
私营企业 Private Enterprises	5529351	35347	10379	3155606
港澳台投资企业 Enterprises with Funds from HongKong, Macao and Taiwan	2195173	26875	9560	1216158
外商投资企业 Foreign Funded Enterprises	2834856	34402	29663	1474610

1-10 高新区企业主要经济指标(按企业划型标准分类)

Main Economic Indicators of Enterprises in National Hi-tech Zones by the Enterprise Scale

企业规模 Enterprise Scale	入统企业数(个) Number of Enterprises to Collect Data (unit)	高新技术企业数(个) Number of Hi-tech Enterprises (unit)	年末从业人员(人) Year End Number of Employees (person)	营业收入(千元) Operating Revenue (1000 yuan)	工业总产值(千元) Gross Industrial Output Value (1000 yuan)
合　计 Total	**165357**	**99305**	**23835165**	**42799805845**	**25635583089**
大型企业 Large Enterprises	5556	3811	11753116	26650141498	14743590270
中型企业 Medium Enterprises	20560	12839	6339563	11408941473	7354031863
小型企业 Small Enterprises	93361	60117	5365994	4583431726	3458014464
微型企业 Micro Enterprises	45880	22538	376492	157291148	79946493

1-10 续表 continued

单位：千元 (1000 yuan)

企业规模 Enterprise Scale	净利润 Net Profit	上缴税费 Taxes Submitted	出口总额 Export	年末资产 Year End Assets	年末负债 Year End Liabilities
合　计 Total	**3044225452**	**1862594979**	**4472664873**	**71666163579**	**41517993238**
大型企业 Large Enterprises	2019042319	1220071525	2958261482	43648517988	26662871405
中型企业 Medium Enterprises	812298198	447621396	1148654866	17936444822	9679825110
小型企业 Small Enterprises	228972674	187088120	360637571	8737438254	4502539728
微型企业 Micro Enterprises	-16087739	7813938	5110954	1343762515	672756995

1-11 高新区企业收入情况(按企业划型标准分类)

Revenue Statistics of Enterprises in National Hi-tech Zones by the Enterprise Scale

单位：千元 (1000 yuan)

企业规模 Enterprise Scale	营业收入 Operating Revenue	技术收入 Technical Income	产品销售收入 Product Sales Income	商品销售收入 Commodity Sales Income
合　计 Total	**42799805845**	**5882270319**	**29602330150**	**4032189435**
大型企业 Large Enterprises	26650141498	4231955946	17627570546	2441375585
中型企业 Medium Enterprises	11408941473	1142843136	8231923942	1339678180
小型企业 Small Enterprises	4583431726	477731475	3650619406	229838966
微型企业 Micro Enterprises	157291148	29739761	92216257	21296703

1-12 高新区企业人员情况(按企业划型标准分类)

Personnel Statistics of Enterprises in National Hi-tech Zones by the Enterprise Scale

单位：人 (person)

企业规模 Enterprise Scale	年末从业人员 Year End Number of Employees	留学归国人员 Returned Overseas Scholars	外籍常驻人员 Foreign Personnel in Residence	大专以上 College and Higher Level
合　计 Total	**23835165**	**210342**	**71589**	**14446273**
大型企业 Large Enterprises	11753116	127613	37108	7634152
中型企业 Medium Enterprises	6339563	43398	17074	3530737
小型企业 Small Enterprises	5365994	33011	15650	3004924
微型企业 Micro Enterprises	376492	6320	1757	276460

1-13 高新区高技术产业制造业企业主要经济指标(按行业类别分类)

Main Indicators of Enterprises in Hi-tech Manufacture Fields in National Hi-tech Zones by Industry Field

行业类别 Industry Field	入统企业数(个) Number of Enterprises to Collect Data (unit)	高新技术企业数(个) Number of Hi-tech Enterprises (unit)	年末从业人员(人) Year End Number of Employees (person)	营业收入(千元) Operating Revenue (1000 yuan)	工业总产值(千元) Gross Industrial Output Value (1000 yuan)
合　计 **Total**	**20578**	**14652**	**5178021**	**8427899926**	**8224551736**
医药制造业 Manufacture of Medicines	2943	1991	831362	1084048108	1130828219
航空、航天器及设备制造业 Manufacture of Aircrafts and Spacecrafts and Related Equipment	506	400	198006	230862093	224664926
电子及通信设备制造业 Manufacture of Electronic Equipment and Communication Equipment	9186	6484	2963847	5273989919	5081270910
计算机及办公设备制造业 Manufacture of Computers and Office Equipment	1218	833	546944	1180893551	1140262383
医疗仪器设备及仪器仪表制造业 Manufacture of Medical Equipments and Measuring Instrument	6672	4920	628807	645942476	634459180
信息化学品制造业 Manufacture of Information Chemicals	53	24	9055	12163779	13066117

1-13 续表 continued

单位：千元 (1000 yuan)

行业类别 Industry Field	净利润 Net Profit	上缴税费 Taxes Submitted	出口总额 Export	年末资产 Year End Assets	年末负债 Year End Liabilities
合　计 **Total**	**625174661**	**311577896**	**2654079509**	**11443801700**	**5830258602**
医药制造业 Manufacture of Medicines	167361956	95699632	83260787	1936846513	765234315
航空、航天器及设备制造业 Manufacture of Aircrafts and Spacecrafts and Related Equipment	11269982	3713749	9651420	558882104	292869430
电子及通信设备制造业 Manufacture of Electronic Equipment and Communication Equipment	311515098	143331091	1865581232	6889512694	3742760393
计算机及办公设备制造业 Manufacture of Computers and Office Equipment	51721870	30648185	581907384	939855929	570587862
医疗仪器设备及仪器仪表制造业 Manufacture of Medical Equipments and Measuring Instrument	82890483	37564755	110360341	1097719241	448567795
信息化学品制造业 Manufacture of Information Chemicals	415272	620483	3318345	20985220	10238807

1-14 高新区高技术产业服务业企业主要经济指标(按行业类别分类)

Main Indicators of Enterprises in Hi-tech Service Fields in National Hi-tech Zones by Industry Field

行业类别 Industry Field	入统企业数 (个) Number of Enterprises to Collect Data (unit)	高新技术企业数 (个) Number of Hi-tech Enterprises (unit)	年末从业人员 (人) Year End Number of Employees (person)	营业收入 (千元) Operating Revenue (1000 yuan)
合　计 Total	**69554**	**46384**	**5416552**	**6528900907**
信息服务 Information Service	46992	32974	3800217	4498832921
电子商务服务 E-commerce Service	1594	992	165521	378935849
检验检测服务 Inspection and Testing Service	1711	1224	160170	75155955
专业技术服务业的高技术服务 Hi-tech Service in Professional Technology Service	2292	1421	527098	845000454
研发与设计服务 R & D and Design Service	5641	3299	399816	367512176
科技成果转化服务 Technology Results Transfer Service	9303	5073	266323	256669871
知识产权及相关法律服务 IPR and Related Legal Service	333	103	19045	10598190
环境监测及治理服务 Environmental Monitoring and Control	1688	1298	78362	96195490

1-14 续表 continued

单位: 千元 (1000 yuan)

行业类别 Industry Field	净利润 Net Profit	上缴税费 Taxes Submitted	出口总额 Export	年末资产 Year End Assets	年末负债 Year End Liabilities
合　计 Total	**735300029**	**264221338**	**227970949**	**15144832177**	**8462550993**
信息服务 Information Service	616000355	190877556	151987916	10492367945	5807671888
电子商务服务 E-commerce Service	5234228	9500867	9303818	621660877	466886844
检验检测服务 Inspection and Testing Service	12426542	4650425	324990	131448567	55119543
专业技术服务业的高技术服务 Hi-tech Service in Professional Technology Service	67044311	32549354	21968596	1953067908	1159073873
研发与设计服务 R & D and Design Service	19394769	12735162	35855089	888717575	417785915
科技成果转化服务 Technology Results Transfer Service	7113447	9267002	7196398	742657340	379647798
知识产权及相关法律服务 IPR and Related Legal Service	585349	623404	219297	19104442	6241375
环境监测及治理服务 Environmental Monitoring and Control	7501028	4017567	1114845	295807524	170123758

第二部分

全国高新技术企业

The Second Part

High Technology Enterprises in China

2-1 全国高新技术企业主要经济指标
Main Economic Indicators of High-tech Enterprises

年 份 Year	入统企业数 (个) Number of Enterprises to Collect Data (unit)	年末从业人员 (万人) Year End Number of Employees (10000 person)	营业收入* (亿元) Operating Revenue (100 million yuan)	工业总产值 (亿元) Gross Industrial Output Value (100 million yuan)	净利润 (亿元) Net Profit (100 million yuan)	上缴税额 (亿元) Taxes Submitted (100 million yuan)	出口创汇 (亿美元) Export (100 million USD)
1996	12547	214.2	4029.6	3810.8	304.2	222.0	73.5
1997	12794	248.7	5630.4	5301.6	402.4	288.6	101.5
1998	15206	309.4	7624.1	7361.8	464.4	424.2	132.7
1999	17118	364.5	10936.7	10558.8	742.7	792.8	203.0
2000	20867	442.3	15648.7	14757.9	1149.7	904.5	329.2
2001	24153	511.7	19930.4	18767.2	1305.9	1279.6	395.4
2002	28504	601.8	25502.2	23877.0	1509.2	1460.1	569.1
2003	33392	729.5	35332.5	32996.0	2129.7	1925.7	900.9
2004	39490	863.8	48100.5	44615.8	2900.5	2366.1	1515.0
2005	43249	1016.1	59714.1	55780.8	3387.5	2901.2	2050.9
2006	49166	1182.6	76493.0	71840.5	4427.5	3842.3	2646.3
2007	56047	1452.2	104770.5	95911.5	6684.1	4851.4	3683.5
2008	51476	1275.0	105115.2	96546.2	5853.6	5804.8	3563.8
2009	25386	1003.3	86192.6	93319.1	6328.5	4281.5	2492.5
2010	31858	1313.6	129505.2	119022.0	9806.7	6262.1	3594.9
2011	39343	1508.3	156223.1	140338.9	10997.8	7378.7	4520.5
2012	45313	1621.3	167743.9	152235.3	10892.0	8377.7	4608.3
2013	54683	1810.2	193837.4	175106.4	12825.2	9277.4	4915.8
2014	62556	1914.8	217304.8	211335.9	14399.2	10674.8	5068.6
2015	76141	2045.2	222234.1	189757.5	14894.8	11052.1	4768.7
2016	100012	2360.7	261093.9	212268.8	18859.7	13159.1	4694.9
2017	130632	2735.5	318374.1	243898.0	23217.1	15578.3	5600.7
2018	172262	3131.6	389203.7	288706.3	26140.3	18000.8	6801.4
2019	218544	3437.0	450957.7	324137.4	27340.7	17988.0	7114.1
2020	269896	3858.8	520845.0	367111.6	35149.5	18395.3	7919.2

注：2014年报表制度进一步规范指标及定义，取消了“总收入”的指标，增加了“营业收入”的指标。此列2014年以前所列数据为企业总收入的汇总数据。

2-2 各地区高新技术企业主要经济指标
Main Economic Indicators of High-tech Enterprises by Region

地 区	Region	入统企业数（个）Number of Enterprises to Collect Data (unit)	年末从业人员（人）Year End Number of Employees (person)	营业收入（千元）Operating Revenue (1000 yuan)	工业总产值（千元）Gross Industrial Output Value (1000 yuan)
合 计	**Total**	**269896**	**38587981**	**52084496940**	**36711156855**
东部地区	Eastern Region	186655	25919349	34678008790	23744796480
中部地区	Middle Region	43710	6768602	8997309281	6747022762
西部地区	Western Region	28236	4530197	6643334917	4806579001
东北地区	Northeast Region	11295	1369833	1765843952	1412758612
北 京	Beijing	23991	2732639	4566463761	911940053
天 津	Tianjin	7350	693747	1148362404	605947559
河 北	Hebei	9230	1417787	2242732400	2026326982
山 西	Shanxi	3162	456041	628903677	395388960
内蒙古	Inner Mongolia	1049	320211	624803717	548012991
辽 宁	Liaoning	6906	818250	1058471333	822483223
吉 林	Jilin	2491	292046	403319785	339784719
黑龙江	Heilongjiang	1898	259537	304052835	250490671
上 海	Shanghai	16614	1952598	3428636421	1508768329
江 苏	Jiangsu	32734	4239491	5450919972	4968267971
浙 江	Zhejiang	21943	3916731	4348251491	3275302630
安 徽	Anhui	8444	1276056	1530332513	1310204342
福 建	Fujian	6433	947065	867670732	759074990
江 西	Jiangxi	7043	1123287	1526045886	1386340343
山 东	Shandong	14560	2290047	3231342434	2656302704
河 南	Henan	6270	1065062	1199997719	941376884
湖 北	Hubei	10266	1492667	2319965372	1480969122
湖 南	Hunan	8525	1355489	1792064114	1232743112
广 东	Guangdong	52797	7648565	9306958748	6968925762
广 西	Guangxi	2739	460478	830612183	612113985
海 南	Hainan	1003	80679	86670427	63939499
重 庆	Chongqing	4183	826413	1134784520	904514532
四 川	Sichuan	8061	1143020	1456090491	967685838
贵 州	Guizhou	1838	217175	258602739	169354146
云 南	Yunnan	1671	264574	535750721	329440897
西 藏	Tibet	87	19209	24715620	16110698
陕 西	Shaanxi	6126	805943	1098923012	755601141
甘 肃	Gansu	1215	170473	198321926	126736761
青 海	Qinghai	211	46345	76230319	51819514
宁 夏	Ningxia	288	66680	83688206	77954105
新 疆	Xinjiang	768	189676	320811463	247234390

2-2 续表 continued

单位：千元 (1000 yuan)

地　区	Region	净利润 Net Profit	上缴税费 Taxes Submitted	出口总额 Export	年末资产 Year End Assets	年末负债 Year End Liabilities
合　计	**Total**	**3514953833**	**1839528675**	**5462359224**	**78151194836**	**44488105485**
东部地区	Eastern Region	2617308150	1244190535	4393277548	52537957678	29262911121
中部地区	Middle Region	476137276	293075512	614453941	12411775973	7312284987
西部地区	Western Region	333757073	234859795	365606532	10292217812	6203410517
东北地区	Northeast Region	87751333	67402832	89021202	2909243373	1709498861
北　京	Beijing	356068876	156287891	153454300	8939983849	5032230792
天　津	Tianjin	51191431	33460045	82865586	1791462904	1041763305
河　北	Hebei	107535467	71481313	96876932	3116741391	1906325020
山　西	Shanxi	22666289	18731316	25783331	967366204	608777889
内蒙古	Inner Mongolia	30356253	24761560	22696385	1299899624	746114943
辽　宁	Liaoning	52368227	38637397	64814371	1688680508	988960798
吉　林	Jilin	25431741	18449771	9966032	634428380	361801347
黑龙江	Heilongjiang	9951365	10315665	14240799	586134485	358736715
上　海	Shanghai	219014303	121782861	288221947	6153508040	3379024685
江　苏	Jiangsu	377657883	212989026	863641852	7516111689	3838452872
浙　江	Zhejiang	526559294	173566754	681571675	6520063697	3314566816
安　徽	Anhui	96127862	54160903	160142017	2215228824	1241393587
福　建	Fujian	79776572	31504490	152279229	1479051946	756555755
江　西	Jiangxi	69965437	49399415	135856121	1729369630	998069236
山　东	Shandong	200582265	118300560	349869036	4581741457	2650475905
河　南	Henan	59565375	39709764	74101942	1847965913	1075866422
湖　北	Hubei	127692969	68765066	122137705	3214853314	1946717123
湖　南	Hunan	100119344	62309050	96432825	2436992086	1441460729
广　东	Guangdong	693690046	319683469	1720539850	12242053817	7231050495
广　西	Guangxi	32977963	25678355	35232991	991701998	653969765
海　南	Hainan	5232013	5134125	3957141	197238888	112465476
重　庆	Chongqing	52174598	44895613	90034383	1478833160	917059417
四　川	Sichuan	68519785	46436914	148719116	2235139609	1351362740
贵　州	Guizhou	11786234	8966479	7047605	476864365	302734173
云　南	Yunnan	35832167	18306937	5785398	714477374	395596816
西　藏	Tibet	4740942	1748817	285459	70356228	29516107
陕　西	Shaanxi	63200686	38853752	39990020	1708484601	998941650
甘　肃	Gansu	11790066	7349602	4916279	384952878	235665342
青　海	Qinghai	3453422	4736701	140230	126599532	81715964
宁　夏	Ningxia	6359230	2916940	4342091	116171300	61760529
新　疆	Xinjiang	12565730	10208124	6416575	688737143	428973070

2-3 计划单列市高新技术企业主要经济指标

Main Economic Indicators of High-tech Enterprises of the Cities Listed Independently in the State Plan

地　区	Region	入统企业数（个）Number of Enterprises to Collect Data (unit)	年末从业人员（人）Year End Number of Employees (person)	营业收入（千元）Operating Revenue (1000 yuan)	工业总产值（千元）Gross Industrial Output Value (1000 yuan)
合　计	**Total**	**30312**	**4259167**	**5365381477**	**4010731539**
大　连	Dalian	2412	242837	276489708	226838434
宁　波	Ningbo	3085	648652	728268252	652543630
厦　门	Xiamen	2255	350201	265832217	222121004
青　岛	Qingdao	4380	421590	640087277	477395790
深　圳	Shenzhen	18180	2595887	3454704023	2431832681

2-3 续表 continued

单位：千元 (1000 yuan)

地　区	Region	净利润 Net Profit	上缴税费 Taxes Submitted	出口总额 Export	年末资产 Year End Assets	年末负债 Year End Liabilities
合　计	**Total**	**492527642**	**183828648**	**1083497294**	**8232762409**	**4776153794**
大　连	Dalian	15472830	12312196	32293724	483688530	272983899
宁　波	Ningbo	73708902	25625123	153082330	1047428440	518246212
厦　门	Xiamen	30288420	10106770	65326558	403510686	181466496
青　岛	Qingdao	41979452	21975684	86711736	910029478	524967685
深　圳	Shenzhen	331078038	113808875	746082946	5388105275	3278489502

2-4 副省级城市高新技术企业主要经济指标
Main Economic Indicators of High-tech Enterprises of the Deputy Provincial Level Cities

地区	Region	入统企业数（个）Number of Enterprises to Collect Data (unit)	年末从业人员（人）Year End Number of Employees (person)	营业收入（千元）Operating Revenue (1000 yuan)	工业总产值（千元）Gross Industrial Output Value (1000 yuan)
合计	**Total**	**51477**	**5770136**	**8527815785**	**4609111967**
沈阳	Shenyang	2548	258222	269978076	195972596
长春	Changchun	2011	206840	312843686	253635902
哈尔滨	Harbin	1154	162288	177954046	134682862
南京	Nanjing	6478	578055	732973591	508339814
杭州	Hangzhou	7620	1036522	1676432215	765255859
济南	Jinan	2905	357457	620920609	380801211
武汉	Wuhan	6131	698276	1231788208	474184982
广州	Guangzhou	11423	1177194	1759341268	930518597
成都	Chengdu	6039	717336	965602215	515712312
西安	Xi'an	5168	577946	779981872	450007831

2-4 续表 continued

单位：千元 (1000 yuan)

地区	Region	净利润 Net Profit	上缴税费 Taxes Submitted	出口总额 Export	年末资产 Year End Assets	年末负债 Year End Liabilities
合计	**Total**	**669726736**	**321482835**	**587422963**	**12744892004**	**7349916565**
沈阳	Shenyang	15245675	9478181	10489102	493839175	275924754
长春	Changchun	18466194	13436612	5007257	430411021	256023702
哈尔滨	Harbin	5644583	6977315	8201261	398619611	248466149
南京	Nanjing	46745076	29548547	51324518	1194155227	630320350
杭州	Hangzhou	295031104	74435033	145768893	2805483857	1492698707
济南	Jinan	30670872	26831336	31813884	691765786	407057168
武汉	Wuhan	56638855	33561676	61077540	1941201762	1224286966
广州	Guangzhou	111716115	73184348	125306986	2179800213	1253218389
成都	Chengdu	44410116	29720308	123090976	1449271662	879264933
西安	Xi'an	45158146	24309480	25342547	1160343689	682655449

2-5 各地区高新技术企业收入情况

Revenue Statistics of High-tech Enterprises by Region

单位：千元 (1000 yuan)

地区	Region	营业收入 Operating Revenue	技术收入 Technical Income	产品销售收入 Product Sales Income	商品销售收入 Commodity Sales Income
合计	**Total**	**52084496940**	**7303791998**	**41411178447**	**899329215**
东部地区	Eastern Region	34678008790	5269871416	26954762120	647815560
中部地区	Middle Region	8997309281	913511683	7676485302	63991375
西部地区	Western Region	6643334917	1000115400	5236940698	144100755
东北地区	Northeast Region	1765843952	120293498	1542990327	43421525
北京	Beijing	4566463761	1828089340	1694495182	305325917
天津	Tianjin	1148362404	180063044	871865702	24854813
河北	Hebei	2242732400	110347393	2032814679	28435329
山西	Shanxi	628903677	21913422	581957341	4185758
内蒙古	Inner Mongolia	624803717	15207197	573861219	21033809
辽宁	Liaoning	1058471333	69710698	918853886	37294239
吉林	Jilin	403319785	27623387	357495602	4831546
黑龙江	Heilongjiang	304052835	22959413	266640839	1295741
上海	Shanghai	3428636421	883744873	2337904779	42528114
江苏	Jiangsu	5450919972	243965648	4985126060	50072172
浙江	Zhejiang	4348251491	643893505	3518974089	50422096
安徽	Anhui	1530332513	97724348	1354258848	12211757
福建	Fujian	867670732	60666596	776484815	7156625
江西	Jiangxi	1526045886	52393704	1419043775	12602673
山东	Shandong	3231342434	139452443	2923614366	57702765
河南	Henan	1199997719	72671855	1071162566	7767989
湖北	Hubei	2319965372	425015753	1796902910	13958867
湖南	Hunan	1792064114	243792602	1453159863	13264333
广东	Guangdong	9306958748	1168804678	7742322461	79220618
广西	Guangxi	830612183	114490271	678214734	15074281
海南	Hainan	86670427	10843896	71159986	2097111
重庆	Chongqing	1134784520	109560602	970237555	17078812
四川	Sichuan	1456090491	341672763	1026008500	27444983
贵州	Guizhou	258602739	32935234	212477587	3991238
云南	Yunnan	535750721	51047616	440360437	27435744
西藏	Tibet	24715620	4103443	19595060	709941
陕西	Shaanxi	1098923012	240298264	786318553	17786178
甘肃	Gansu	198321926	18383170	159539132	3411157
青海	Qinghai	76230319	25173338	47494228	96210
宁夏	Ningxia	83688206	1417948	74204895	5227384
新疆	Xinjiang	320811463	45825555	248628798	4811017

2-6 计划单列市高新技术企业收入情况

Revenue Statistics of High-tech Enterprises of the Cities Listed Independently in the State Plan

单位：千元 (1000 yuan)

地 区	Region	营业收入 Operating Revenue	技术收入 Technical Income	产品销售收入 Product Sales Income	商品销售收入 Commodity Sales Income
合 计	**Total**	**5365381477**	**729743305**	**4409714820**	**52313153**
大 连	Dalian	276489708	13604558	253897039	3131361
宁 波	Ningbo	728268252	33662772	666719919	6034634
厦 门	Xiamen	265832217	23407146	230233468	3383751
青 岛	Qingdao	640087277	41170220	564596655	14638083
深 圳	Shenzhen	3454704023	617898609	2694267739	25125323

2-7 副省级城市高新技术企业收入情况

Revenue Statistics of High-tech Enterprises of the Deputy Provincial Level Cities

单位：千元 (1000 yuan)

地 区	Region	营业收入 Operating Revenue	技术收入 Technical Income	产品销售收入 Product Sales Income	商品销售收入 Commodity Sales Income
合 计	**Total**	**8527815785**	**2158318842**	**5934831636**	**109999147**
沈 阳	Shenyang	269978076	40229725	219935518	1819848
长 春	Changchun	312843686	25379070	273709427	4200924
哈尔滨	Harbin	177954046	19137606	148451651	758453
南 京	Nanjing	732973591	125107272	571432955	9583831
杭 州	Hangzhou	1676432215	593863648	983143466	31934702
济 南	Jinan	620920609	62787391	538477910	5401593
武 汉	Wuhan	1231788208	384392197	781666143	7680111
广 州	Guangzhou	1759341268	378532143	1314421854	21300806
成 都	Chengdu	965602215	315792545	594807871	13164262
西 安	Xi'an	779981872	213097244	508784840	14154615

2-8 各地区高新技术企业人员情况
Personnel Statistics of High-tech Enterprises by Region

单位：人 (person)

地 区	Region	年末从业人员 Year End Number of Employees	留学归国人员 Returned Overseas Scholars	外籍常驻人员 Foreign Personnel in Residence	大专以上 College and Higher Level
合 计	**Total**	**38587981**	**174567**	**47832**	**19605036**
东部地区	Eastern Region	25919349	147174	39249	13048408
中部地区	Middle Region	6768602	13269	5117	3273977
西部地区	Western Region	4530197	10564	2834	2530203
东北地区	Northeast Region	1369833	3560	632	752448
北 京	Beijing	2732639	47369	3451	2264144
天 津	Tianjin	693747	2704	411	425085
河 北	Hebei	1417787	1330	898	612948
山 西	Shanxi	456041	476	56	232815
内蒙古	Inner Mongolia	320211	223	72	169187
辽 宁	Liaoning	818250	2777	490	440564
吉 林	Jilin	292046	578	89	162870
黑龙江	Heilongjiang	259537	205	53	149014
上 海	Shanghai	1952598	30944	5579	1448854
江 苏	Jiangsu	4239491	16249	10639	2008318
浙 江	Zhejiang	3916731	11112	5174	1438709
安 徽	Anhui	1276056	1826	637	597155
福 建	Fujian	947065	1877	1495	415443
江 西	Jiangxi	1123287	2554	1140	426697
山 东	Shandong	2290047	4265	1110	1132786
河 南	Henan	1065062	2006	331	523967
湖 北	Hubei	1492667	3602	2127	829522
湖 南	Hunan	1355489	2805	826	663821
广 东	Guangdong	7648565	31122	10454	3257536
广 西	Guangxi	460478	625	250	226287
海 南	Hainan	80679	202	38	44585
重 庆	Chongqing	826413	2000	713	378847
四 川	Sichuan	1143020	4491	1077	656453
贵 州	Guizhou	217175	272	101	120436
云 南	Yunnan	264574	398	73	148224
西 藏	Tibet	19209	96		14677
陕 西	Shaanxi	805943	2184	265	548618
甘 肃	Gansu	170473	108	40	101136
青 海	Qinghai	46345	29	9	26354
宁 夏	Ningxia	66680	31	42	30709
新 疆	Xinjiang	189676	107	192	109275

2-9 计划单列市高新技术企业人员情况
Personnel Statistics of High-tech Enterprises of the Cities Listed Independently in the State Plan

单位：人 (person)

地区	Region	年末从业人员 Year End Number of Employees	留学归国人员 Returned Overseas Scholars	外籍常驻人员 Foreign Personnel in Residence	大专以上 College and Higher Level
合计	**Total**	**4259167**	**25884**	**6936**	**2178303**
大连	Dalian	242837	1409	317	133588
宁波	Ningbo	648652	2308	1352	237244
厦门	Xiamen	350201	935	689	165389
青岛	Qingdao	421590	1544	356	226635
深圳	Shenzhen	2595887	19688	4222	1415447

2-10 副省级城市高新技术企业人员情况
Personnel Statistics of High-tech Enterprises of the Deputy Provincial Level Cities

单位：人 (person)

地区	Region	年末从业人员 Year End Number of Employees	留学归国人员 Returned Overseas Scholars	外籍常驻人员 Foreign Personnel in Residence	大专以上 College and Higher Level
合计	**Total**	**5770136**	**26531**	**5296**	**3894237**
沈阳	Shenyang	258222	1123	98	179315
长春	Changchun	206840	363	70	126461
哈尔滨	Harbin	162288	170	40	104989
南京	Nanjing	578055	3693	579	425464
杭州	Hangzhou	1036522	6522	1047	648519
济南	Jinan	357457	969	232	256893
武汉	Wuhan	698276	2735	1149	506344
广州	Guangzhou	1177194	4827	1154	730605
成都	Chengdu	717336	4181	764	485663
西安	Xi'an	577946	1948	163	429984

2-11 各地区高新技术企业R&D活动与科技活动情况

R&D Activities and Science and Technology Activities Statistics of High-tech Enterprises by Region

地 区	Region	科技活动人员(人) Personnel Engaged in Science and Technology Activities (person)	R&D人员(人) R&D Personnel (person)	R&D人员全时当量(人年) R&D Personnel Full Time Equivalent (man year)	科技活动经费内部支出(千元) Intramural Expenditures on Science and Technology Activities (1000 yuan)	R&D经费内部支出(千元) Intramural Expenditure on R&D (1000 yuan)
合 计	**Total**	**9159988**	**4935826**	**3192980**	**2755684667**	**1330958669**
东部地区	Eastern Region	6376801	3463676	2236297	1986566601	965493352
中部地区	Middle Region	1444430	813947	538832	403829857	201900271
西部地区	Western Region	1019969	513176	324257	286446974	132171814
东北地区	Northeast Region	318788	145026	93595	78841235	31393232
北 京	Beijing	990386	307513	206137	373127460	119453984
天 津	Tianjin	186477	116100	68916	49130507	26309777
河 北	Hebei	287483	135958	81911	91663954	41001642
山 西	Shanxi	101109	42792	27801	26456266	10003152
内 蒙 古	Inner Mongolia	61313	27131	17023	24383070	10344781
辽 宁	Liaoning	188208	93458	57678	46951565	18690046
吉 林	Jilin	68978	22017	15209	17723992	5600021
黑 龙 江	Heilongjiang	61602	29552	20708	14165679	7103166
上 海	Shanghai	692450	202599	136413	239166978	72223438
江 苏	Jiangsu	954478	645265	462609	286562816	165151668
浙 江	Zhejiang	810104	495563	307715	231061377	120639319
安 徽	Anhui	276851	148137	100969	77275159	38571607
福 建	Fujian	214624	142157	92626	49760539	29750452
江 西	Jiangxi	204521	145560	85237	56489563	35432197
山 东	Shandong	493233	283564	182378	146197806	71806201
河 南	Henan	230236	104145	74011	57672063	21927560
湖 北	Hubei	355673	216258	152685	104776316	55228646
湖 南	Hunan	276040	157056	98129	81160490	40737108
广 东	Guangdong	1727787	1129659	694675	515171204	317935758
广 西	Guangxi	93476	46950	26629	33106676	11602121
海 南	Hainan	19779	5298	2915	4723959	1221114
重 庆	Chongqing	156042	91240	53071	42242212	22528366
四 川	Sichuan	281260	153056	99946	70175295	35416668
贵 州	Guizhou	51352	26001	15784	12522083	5871113
云 南	Yunnan	60817	35338	20573	18285614	10540024
西 藏	Tibet	3939	785	398	1214851	368358
陕 西	Shaanxi	218127	101061	72323	60672227	29165858
甘 肃	Gansu	37036	11670	7745	7138886	1510204
青 海	Qinghai	10464	3835	2157	2241784	473122
宁 夏	Ningxia	12745	7442	4065	4135908	1739574
新 疆	Xinjiang	33398	8668	4542	10328368	2611625

2-12 计划单列市高新技术企业R&D活动与科技活动情况

R&D Activities and Science and Technology Activities Statistics of High-tech Enterprises of the Cities Listed Independently in the State Plan

地 区	Region	科技活动人员（人）Personnel Engaged in Science and Technology Activities (person)	R&D人员（人）R&D Personnel (person)	R&D人员全时当量（人年）R&D Personnel Full Time Equivalent (man year)	科技活动经费内部支出（千元）Intramural Expenditures on Science and Technology Activities (1000 yuan)	R&D经费内部支出（千元）Intramural Expenditure on R&D (1000 yuan)
合 计	**Total**	**1089198**	**713659**	**455989**	**336070918**	**211145362**
大 连	Dalian	60922	33032	18116	12615934	6137466
宁 波	Ningbo	124956	94808	60614	38458177	23292551
厦 门	Xiamen	86060	67656	42168	17571873	11333737
青 岛	Qingdao	104865	46354	30451	29122813	13760326
深 圳	Shenzhen	712395	471808	304640	238302122	156621282

2-13 副省级城市高新技术企业R&D活动与科技活动情况

R&D Activities and Science and Technology Activities Statistics of High-tech Enterprises of the Deputy Provincial Level Cities

地 区	Region	科技活动人员（人）Personnel Engaged in Science and Technology Activities (person)	R&D人员（人）R&D Personnel (person)	R&D人员全时当量（人年）R&D Personnel Full Time Equivalent (man year)	科技活动经费内部支出（千元）Intramural Expenditures on Science and Technology Activities (1000 yuan)	R&D经费内部支出（千元）Intramural Expenditure on R&D (1000 yuan)
合 计	**Total**	**1708507**	**915059**	**613007**	**471616663**	**238179522**
沈 阳	Shenyang	69409	33218	22192	15788215	5954959
长 春	Changchun	51973	14737	10439	14329741	4504642
哈尔滨	Harbin	41921	21283	15177	9515269	5278646
南 京	Nanjing	198250	137212	96365	49690504	30351873
杭 州	Hangzhou	328510	151243	104180	104908152	47220696
济 南	Jinan	111424	63662	45595	28009974	14253410
武 汉	Wuhan	202314	124724	89307	59516814	31381402
广 州	Guangzhou	327881	188524	105333	93777514	51109928
成 都	Chengdu	203266	104825	69486	48472118	24153796
西 安	Xi'an	173559	75632	54934	47608363	23970170

2-14 高新技术企业主要经济指标(按登记注册类型分类)

Main Economic Indicators of High-tech Enterprises by Registration Category

企业登记注册类型 Registration Category	入统企业数(个) Number of Enterprises to Collect Data (unit)	年末从业人员(人) Year End Number of Employees (person)	营业收入(千元) Operating Revenue (1000 yuan)	工业总产值(千元) Gross Industrial Output Value (1000 yuan)
合 计 Total	**269896**	**38587981**	**52084496940**	**36711156855**
#国有企业 State-owned Enterprises	4673	2667710	5353817637	2379955228
集体企业 Collective-owned Enterprises	244	45227	69039164	44700017
股份合作企业 Cooperative Enterprises	674	78435	78709688	72364459
联营企业 Joint Ownership Enterprises	170	28378	44936046	40983210
有限责任公司 Limited Liability Corporations	88847	12108963	17690361716	11162937363
股份有限公司 Share-holding Corporations Ltd.	19315	6178192	8814491546	6972518744
私营企业 Private Enterprises	139778	11135141	10993710060	8944773890
港澳台投资企业 Enterprises with Funds from HongKong, Macao and Taiwan	6961	3351406	4311337621	3039348176
外商投资企业 Foreign Funded Enterprises	7275	2636549	4266973371	3790747511

2-14 续表 continued

单位：千元 (1000 yuan)

企业登记注册类型 Registration Category	净利润 Net Profit	上缴税费 Taxes Submitted	出口总额 Export	年末资产 Year End Assets	年末负债 Year End Liabilities
合 计 Total	**3514953833**	**1839528675**	**5462359224**	**78151194836**	**44488105485**
#国有企业 State-owned Enterprises	205360409	141539256	180038409	8309836924	5481023582
集体企业 Collective-owned Enterprises	3516594	1814227	1767181	88412559	48377857
股份合作企业 Cooperative Enterprises	6052654	3544714	5073562	116906377	55942059
联营企业 Joint Ownership Enterprises	1980574	2065893	1990490	71387881	43546802
有限责任公司 Limited Liability Corporations	986174436	571663005	1301222621	23970983201	15021201001
股份有限公司 Share-holding Corporations Ltd.	769944699	366654066	981203440	19198178328	9443304107
私营企业 Private Enterprises	609709401	375769107	1110853721	13120784241	7679034534
港澳台投资企业 Enterprises with Funds from HongKong, Macao and Taiwan	547042124	183665482	857719349	6793748097	3347047257
外商投资企业 Foreign Funded Enterprises	349069217	183551314	995421539	5586104274	2873855575

2-15 高新技术企业收入情况(按登记注册类型分类)

Revenue Statistics of High-tech Enterprises by Registration Category

单位：千元 (1000 yuan)

企业登记注册类型 Registration Category	营业收入 Operating Revenue	技术收入 Technical Income	产品销售收入 Product Sales Income	商品销售收入 Commodity Sales Income
合 计 Total	**52084496940**	**7303791998**	**41411178447**	**899329215**
#国有企业 State-owned Enterprises	5353817637	1188646864	3877347171	48960497
集体企业 Collective-owned Enterprises	69039164	17980963	47720978	864398
股份合作企业 Cooperative Enterprises	78709688	2900598	73652328	461256
联营企业 Joint Ownership Enterprises	44936046	2401029	41538567	172873
有限责任公司 Limited Liability Corporations	17690361716	3001924025	13087076900	309595048
股份有限公司 Share-holding Corporations Ltd.	8814491546	764724520	7571212031	171829241
私营企业 Private Enterprises	10993710060	940387942	9514994287	191759804
港澳台投资企业 Enterprises with Funds from HongKong, Macao and Taiwan	4311337621	1031705651	3048242432	91485382
外商投资企业 Foreign Funded Enterprises	4266973371	270086846	3793041134	77505725

2-16 高新技术企业人员情况(按登记注册类型分类)

Personnel Statistics of High-tech Enterprises by Registration Category

单位：人 (person)

企业登记注册类型 Registration Category	年末从业人员 Year End Number of Employees	留学归国人员 Returned Overseas Scholars	外籍常驻人员 Foreign Personnel in Residence	大专以上 College and Higher Level
合 计 Total	**38587981**	**174567**	**47832**	**19605036**
#国有企业 State-owned Enterprises	2667710	13127	461	1789433
集体企业 Collective-owned Enterprises	45227	177	5	22257
股份合作企业 Cooperative Enterprises	78435	119	8	33673
联营企业 Joint Ownership Enterprises	28378	62	4	15011
有限责任公司 Limited Liability Corporations	12108963	53422	9472	6495173
股份有限公司 Share-holding Corporations Ltd.	6178192	27691	6823	3424853
私营企业 Private Enterprises	11135141	34562	8691	5047976
港澳台投资企业 Enterprises with Funds from HongKong, Macao and Taiwan	3351406	24208	8024	1347244
外商投资企业 Foreign Funded Enterprises	2636549	18275	14090	1197322

2-17 高新技术企业主要经济指标(按企业划型标准分类)
Main Economic Indicators of High-tech Enterprises by the Enterprise Scale

企业规模 Enterprise Scale	入统企业数（个） Number of Enterprises to Collect Data (unit)	年末从业人员（人） Year End Number of Employees (person)	营业收入（千元） Operating Revenue (1000 yuan)	工业总产值（千元） Gross Industrial Output Value (1000 yuan)
合　计 Total	**269896**	**38587981**	**52084496940**	**36711156855**
大型企业 Large Enterprises	8176	15389400	28978759159	17324039041
中型企业 Medium Enterprises	32916	11246301	14522553283	11757100451
小型企业 Small Enterprises	172770	11357836	8370188436	7451372956
微型企业 Micro Enterprises	56034	594444	212996063	178644408

2-17　续表 continued

单位：千元　(1000 yuan)

企业规模 Enterprise Scale	净利润 Net Profit	上缴税费 Taxes Submitted	出口总额 Export	年末资产 Year End Assets	年末负债 Year End Liabilities
合　计 Total	**3514953833**	**1839528675**	**5462359224**	**78151194836**	**44488105485**
大型企业 Large Enterprises	2053314550	945174502	3167541138	43441963656	26416644983
中型企业 Medium Enterprises	1073530059	553301004	1542504722	21181176959	10998426187
小型企业 Small Enterprises	402354438	332284641	747189077	12632729352	6658995611
微型企业 Micro Enterprises	-14245214	8768529	5124288	895324869	414038705

2-18 高新技术企业收入情况(按企业划型标准分类)
Revenue Statistics of High-tech Enterprises by the Enterprise Scale

单位：千元 (1000 yuan)

企业规模 Enterprise Scale	营业收入 Operating Revenue	技术收入 Technical Income	产品销售收入 Product Sales Income	商品销售收入 Commodity Sales Income
合 计 Total	**52084496940**	**7303791998**	**41411178447**	**899329215**
大型企业 Large Enterprises	28978759159	5395613401	21320672602	450046111
中型企业 Medium Enterprises	14522553283	1270430463	12503057552	282819306
小型企业 Small Enterprises	8370188436	609694868	7417730090	157172179
微型企业 Micro Enterprises	212996063	28053266	169718203	9291620

2-19 高新区企业人员情况(按企业划型标准分类)
Personnel Statistics of Enterprises in National Hi-tech Zones by the Enterprise Scale

单位：人 (person)

企业规模 Enterprise Scale	年末从业人员 Year End Number of Employees	留学归国人员 Returned Overseas Scholars	外籍常驻人员 Foreign Personnel in Residence	大专以上 College and Higher Level
合 计 Total	**38587981**	**174567**	**47832**	**19605036**
大型企业 Large Enterprises	15389400	96619	18756	8767091
中型企业 Medium Enterprises	11246301	38746	13386	5183495
小型企业 Small Enterprises	11357836	34643	14464	5262690
微型企业 Micro Enterprises	594444	4559	1226	391760

2-20 高新技术企业中高技术产业制造业企业主要经济指标(按行业类别分类)

Main Indicators of High-tech Enterprises in Hi-tech Manufacture Fields by Industry Field

行业类别 Industry Field	入统企业数 (个) Number of Enterprises to Collect Data (unit)	年末从业人员 (人) Year End Number of Employees (person)	营业收入 (千元) Operating Revenue (1000 yuan)	工业总产值 (千元) Gross Industrial Output Value (1000 yuan)
合　计 Total	**36473**	**7754886**	**9185481377**	**9053949655**
医药制造业 Manufacture of Medicines	5146	1360387	1415884568	1506378725
航空、航天器及设备制造业 Manufacture of Aircrafts and Spacecrafts and Related Equipment	953	424445	528450618	468648651
电子及通信设备制造业 Manufacture of Electronic Equipment and Communication Equipment	17778	4542941	5797705704	5639376005
计算机及办公设备制造业 Manufacture of Computers and Office Equipment	2155	448219	660061019	647328576
医疗仪器设备及仪器仪表制造业 Manufacture of Medical Equipments and Measuring Instrument	10387	969897	775562994	785023631
信息化学品制造业 Manufacture of Information Chemicals	54	8997	7816474	7194067

2-20 续表 continued

单位: 千元　　(1000 yuan)

行业类别 Industry Field	净利润 Net Profit	上缴税费 Taxes Submitted	出口总额 Export	年末资产 Year End Assets	年末负债 Year End Liabilities
合　计 Total	**792055025**	**358194468**	**2371285497**	**14235340493**	**6932321531**
医药制造业 Manufacture of Medicines	237583246	121154739	158369177	2844319992	1103740292
航空、航天器及设备制造业 Manufacture of Aircrafts and Spacecrafts and Related Equipment	27728394	7947025	15601830	1174152695	674691273
电子及通信设备制造业 Manufacture of Electronic Equipment and Communication Equipment	376999034	160286889	1860517132	8087933053	4190402648
计算机及办公设备制造业 Manufacture of Computers and Office Equipment	38578113	24382002	210862082	722478425	388063485
医疗仪器设备及仪器仪表制造业 Manufacture of Medical Equipments and Measuring Instrument	110956159	44136873	124175094	1386715641	565519404
信息化学品制造业 Manufacture of Information Chemicals	210079	286940	1760182	19740687	9904429

2-21 高新技术企业中高技术产业服务业企业主要经济指标(按行业类别分类)
Main Indicators of High-tech Enterprises in Hi-tech Service Fields by Industry Field

行业类别 Industry Field	入统企业数 (个) Number of Enterprises to Collect Data (unit)	年末从业人员 (人) Year End Number of Employees (person)	营业收入 (千元) Operating Revenue (1000 yuan)	主营业务收入 (千元) Revenue from Principal Business (1000 yuan)
合　计 Total	**87218**	**6564055**	**7036848411**	**5320582913**
信息服务 Information Service	61562	4300942	4551801713	3397541589
电子商务服务 E-commerce Service	2006	198290	292227620	159680719
检验检测服务 Inspection and Testing Service	3027	282370	129604321	114621647
专业技术服务业的高技术服务 Hi-tech Service in Professional Technology Service	3420	823725	1070742962	857876260
研发与设计服务 R & D and Design Service	6260	507556	556032690	487832980
科技成果转化服务 Technology Results Transfer Service	7583	262206	230351958	126442745
知识产权及相关法律服务 IPR and Related Legal Service	171	14902	8216095	2873909
环境监测及治理服务 Environmental Monitoring and Control	3189	174064	197871053	173713063

2-21 续表 continued

单位：千元 (1000 yuan)

行业类别 Industry Field	净利润 Net Profit	上缴税费 Taxes Submitted	出口总额 Export	年末资产 Year End Assets	年末负债 Year End Liabilities
合　计 Total	**792345039**	**290874908**	**147154769**	**13001371433**	**6955888261**
信息服务 Information Service	641459740	203083938	93582048	8283371334	4280187028
电子商务服务 E-commerce Service	1242643	6223021	2300225	582701932	417868854
检验检测服务 Inspection and Testing Service	19298514	6897177	478091	211225693	86859676
专业技术服务业的高技术服务 Hi-tech Service in Professional Technology Service	67132553	40531423	18918912	1672929471	980576842
研发与设计服务 R & D and Design Service	36802212	16774657	26498584	1157179578	599603085
科技成果转化服务 Technology Results Transfer Service	8043815	8682413	4165765	571974009	296418002
知识产权及相关法律服务 IPR and Related Legal Service	355232	484830	31027	15346236	4631218
环境监测及治理服务 Environmental Monitoring and Control	18010331	8197449	1180116	506643180	289743558

第三部分

科技企业孵化器

The Third Part

Technology Business Incubators (TBIs)

3-1 全国科技企业孵化器主要经济指标
Main Economic Indicators of TBIs

年 份 Year	统计孵化器数量（个） Number of TBIs with Data (unit)	场地面积（万平方米） Space Area (10000 sq.m)	在孵企业（个） Number of Tenants (unit)	在孵企业总收入（亿元） Total Income of Incubatees (100 million yuan)	在孵企业从业人员数（万人） Number of Employees of Incubatees (10000 person)	累计毕业企业（个） Accumulated Number of Graduated Tenants (unit)
1995	73	40.2	1854	24.2	2.6	364
1996	80	56.6	2476	36.3	3.8	648
1997	80	77.5	2670	40.8	4.6	825
1998	77	88.4	4138	60.7	6.9	1316
1999	110	188.8	5293	95.8	9.2	1934
2000	164	339.5	8653	207.0	14.4	2790
2001	324	634.7	14270	422.4	28.4	4281
2002	378	632.6	20993	230.5	36.3	6207
2003	431	1358.9	27285	759.3	48.3	8981
2004	464	1515.1	33213	1121.7	55.2	11718
2005	534	1969.9	39491	1625.4	71.7	15815
2006	548	2008.0	41434	1926.7	79.3	19896
2007	614	2269.8	44750	2621.9	93.3	23394
2008	670	2315.5	44346	1866.2	92.8	31764
2009	772	2901.3	50511	2000.8	101.2	32301
2010	896	3043.9	56382	3329.5	117.8	36485
2011	1034	3472.1	60936	3800.6	125.6	39562
2012	1239	4375.8	70217	4147.1	143.7	45160
2013	1464	5379.3	77677	3308.8	158.3	52146
2014	1748	6877.8	78965	3696.4	141.7	61944
2015	2533	8680.0	102170	4810.4	166.2	74853
2016	3255	10732.8	133286	4792.7	212.1	89694
2017	4063	11967.4	177542	6335.7	259.6	110701
2018	4849	13192.9	206024	8343.0	290.2	139396
2019	5206	12927.9	216828	8219.9	294.9	160850
2020	5843	13088.5	233351	10256.6	296.9	188707

3-2 各地区科技企业孵化器基本情况

General Statistics of TBIs by Region

地　区	Region	统计孵化器数 (个) Number of TBIs with Data (unit)	孵化器总收入 (千元) Total Income of TBIs (1000 yuan)	管理机构从业人员数 (人) Number of Management Personnel (person)	孵化基金总　额 (千元) Total Incubator Fund (1000 yuan)	创业导师人　数 (人) Number of Innovation Mentors (person)	对公共技术服务平台投资额 (千元) Investment into the Public Service Platform (1000 yuan)
合　计	**Total**	**5843**	**49769200**	**76540**	**189379058**	**80602**	**7887811**
东部地区	Eastern Region	3693	35567858	45383	138923108	47329	5018684
中部地区	Middle Region	893	5619031	12188	14312447	13550	1260114
西部地区	Western Region	872	7012276	13680	32093057	14943	1290887
东北地区	Northeast Region	385	1570036	5289	4050446	4780	318126
北　京	Beijing	246	6073396	4765	31212965	7483	422077
天　津	Tianjin	104	576240	1223	539057	1410	69512
河　北	Hebei	274	1440570	3553	1124667	3328	81660
山　西	Shanxi	68	774500	1006	1844725	1095	62319
内蒙古	Inner Mongolia	50	347776	1499	500940	1269	94252
辽　宁	Liaoning	93	467549	1371	1112795	1340	114211
吉　林	Jilin	94	587402	1685	1757699	1521	126887
黑龙江	Heilongjiang	198	515085	2233	1179952	1919	77028
上　海	Shanghai	165	2011503	2218	10001848	2219	80558
江　苏	Jiangsu	928	7813057	11365	27711587	7354	1682470
浙　江	Zhejiang	437	3419532	4843	33041545	6052	890945
安　徽	Anhui	208	667635	2097	3520282	1838	386945
福　建	Fujian	134	907883	1762	1618244	1766	74767
江　西	Jiangxi	79	615902	1653	2492234	1998	156304
山　东	Shandong	318	1832373	4069	7413575	5707	855643
河　南	Henan	181	1110015	2484	1692522	2652	256087
湖　北	Hubei	250	1631285	3143	2789617	4227	269568
湖　南	Hunan	107	819692	1805	1973067	1740	128891
广　东	Guangdong	1079	11403721	11422	26024189	11889	852722
广　西	Guangxi	116	471091	1212	323870	1191	78092
海　南	Hainan	8	89582	163	235430	121	8330
重　庆	Chongqing	116	628097	1263	1524900	1697	88124
四　川	Sichuan	192	1712227	2546	1693464	4108	559425
贵　州	Guizhou	47	976480	1045	1867831	359	53113
云　南	Yunnan	44	157797	659	115700	1179	18355
西　藏	Tibet	4	7324	61	15000	85	1700
陕　西	Shaanxi	151	1796019	2778	23429310	2736	231954
甘　肃	Gansu	77	429960	1320	963922	831	89188
青　海	Qinghai	15	99895	272	938000	476	36112
宁　夏	Ningxia	23	88412	404	18500	274	8795
新　疆	Xinjiang	29	201766	443	681720	611	29257
新疆兵团	Xinjiang Corps	8	95431	178	19900	127	2520

3-3 各地区科技企业孵化器孵化企业情况

Tenants Statistics of TBIs by Region

单位：个 (unit)

地　区	Region	在孵企业数 Number of Tenants	高新技术企业 Hi-tech Enterprises	当年新增在孵企业 New Incubatees	累计毕业企业 Accumulated Number of Graduated Tenants	当年毕业企业 Number of Graduated Tenants of the Year	收入达5千万元企业数 Number of Tenants with Income More than 50 million yuan
合　计	**Total**	**233351**	**12042**	**63466**	**188707**	**26855**	**4370**
东部地区	Eastern Region	143059	7572	38848	121187	17136	3071
中部地区	Middle Region	41773	2242	10937	31500	4603	702
西部地区	Western Region	33808	1425	9580	26008	4019	502
东北地区	Northeast Region	14711	803	4101	10012	1097	95
北　京	Beijing	13008	1274	2964	21414	1872	159
天　津	Tianjin	5037	259	1405	2626	367	90
河　北	Hebei	8640	466	2392	5642	1059	94
山　西	Shanxi	2844	142	772	2414	394	37
内蒙古	Inner Mongolia	1954	96	498	1707	181	20
辽　宁	Liaoning	4419	333	1228	4305	420	46
吉　林	Jilin	3406	244	961	2255	281	41
黑龙江	Heilongjiang	6886	226	1912	3452	396	8
上　海	Shanghai	7427	424	1650	4064	388	135
江　苏	Jiangsu	36955	2301	9775	30626	4374	1099
浙　江	Zhejiang	18523	468	5573	16393	2411	336
安　徽	Anhui	6948	261	2229	4196	617	102
福　建	Fujian	3745	320	963	3929	529	151
江　西	Jiangxi	3798	231	960	3174	612	106
山　东	Shandong	14617	753	3788	12942	1739	269
河　南	Henan	9308	515	2367	7517	1006	188
湖　北	Hubei	12440	669	3170	9251	1167	112
湖　南	Hunan	6435	424	1439	4948	807	157
广　东	Guangdong	34504	1290	10205	23314	4332	733
广　西	Guangxi	4281	99	1623	2410	439	49
海　南	Hainan	603	17	133	237	65	5
重　庆	Chongqing	3650	109	1318	2912	471	34
四　川	Sichuan	8977	295	2443	6533	977	206
贵　州	Guizhou	1300	82	342	996	172	10
云　南	Yunnan	2397	86	504	1699	259	19
西　藏	Tibet	123	1	14	100	26	3
陕　西	Shaanxi	5171	521	1306	5503	775	112
甘　肃	Gansu	2513	81	589	1588	252	15
青　海	Qinghai	528	16	137	662	103	5
宁　夏	Ningxia	767	7	274	644	157	5
新　疆	Xinjiang	1608	28	396	946	133	22
新疆兵团	Xinjiang Corps	539	4	136	308	74	2

3-4 各地区科技企业孵化器孵化场地情况
Space Statistics of TBIs by Region

单位：平方米 (sq.m)

地　区	Region	总面积 Total Space Area	办公用房 Space for Office	企业用房 Space for Tenants	服务用房 Space for Service	其他 Others
合　计	**Total**	**130885130**	**7685135**	**91623008**	**16291952**	**15285034**
东部地区	Eastern Region	78997295	4677028	55632466	9891510	8796289
中部地区	Middle Region	21403518	1079509	15183814	2669797	2470398
西部地区	Western Region	23730430	1514464	16369280	2865624	2981062
东北地区	Northeast Region	6753888	414134	4437447	865021	1037285
北　京	Beijing	3995764	209203	2922580	593115	270866
天　津	Tianjin	1529297	62091	1174698	174236	118272
河　北	Hebei	5338638	481937	3814803	572297	469602
山　西	Shanxi	1327866	45926	964500	191213	126227
内蒙古	Inner Mongolia	1607094	105316	807814	173191	520772
辽　宁	Liaoning	1750138	77359	1269874	270149	132757
吉　林	Jilin	2292532	149298	1562795	326193	254245
黑龙江	Heilongjiang	2711217	187477	1604779	268679	650283
上　海	Shanghai	2167851	106748	1626178	256058	178867
江　苏	Jiangsu	24927307	1627864	17909069	2849742	2540632
浙　江	Zhejiang	9601883	448573	7309879	1085550	757881
安　徽	Anhui	4387776	249792	3138976	511087	487922
福　建	Fujian	3311812	192719	1946648	417755	754689
江　西	Jiangxi	3001504	155751	2191595	339613	314544
山　东	Shandong	8971153	390399	6335265	1230355	1015135
河　南	Henan	3734066	173171	2726955	483368	350573
湖　北	Hubei	5749086	292473	3721714	753469	981430
湖　南	Hunan	3203220	162396	2440074	391047	209703
广　东	Guangdong	19025210	1153144	12493797	2692093	2686176
广　西	Guangxi	1901244	80268	1374285	238658	208033
海　南	Hainan	128380	4352	99549	20309	4170
重　庆	Chongqing	1587614	76323	1106112	231706	173473
四　川	Sichuan	3902993	255261	2780541	511657	355534
贵　州	Guizhou	3941001	319722	3020559	357791	242929
云　南	Yunnan	918610	47113	716916	108070	46510
西　藏	Tibet	78711	12686	21069	12856	32100
陕　西	Shaanxi	4433889	216014	3101730	627137	489009
甘　肃	Gansu	2014325	212210	1366558	239293	196264
青　海	Qinghai	1280848	75252	854231	80134	271231
宁　夏	Ningxia	752864	36188	542522	84221	89933
新　疆	Xinjiang	782856	54933	454479	177204	96239
新疆兵团	Xinjiang Corps	528382	23178	222463	23706	259035

3-5 各地区科技企业孵化器当年在孵企业情况

Annual Statistics of Incubatees of TBIs by Region

地区	Region	在孵企业从业人员数（人）Number of Employees of Incubatees (person)	在孵企业总收入（千元）Total Income of Incubatees (1000 yuan)	当年获得投融资企业数（个）Number of Incubateess Obtained Investment and Finance (unit)	当年获风险投资额（千元）Amount of Venture Capital for Incubatees (1000 yuan)	当年获得孵化基金在孵企业数（个）Number of Incubatees Received Incubator Fund (unit)
合　计	**Total**	**2968675**	**1025660218**	**13908**	**78627454**	**10660**
东部地区	Eastern Region	1767919	750547017	9415	64926828	5030
中部地区	Middle Region	607296	125198671	2460	5189277	3551
西部地区	Western Region	435404	116965501	1620	7982045	1630
东北地区	Northeast Region	158056	32949029	413	529304	449
北　京	Beijing	180385	156628176	737	15022598	258
天　津	Tianjin	61295	11616571	343	426251	227
河　北	Hebei	94885	17038054	308	453941	195
山　西	Shanxi	39149	8533829	151	148385	151
内蒙古	Inner Mongolia	28285	13547455	47	108425	36
辽　宁	Liaoning	56654	10311048	194	293026	197
吉　林	Jilin	47791	12455318	143	130277	189
黑龙江	Heilongjiang	53611	10182663	76	106001	63
上　海	Shanghai	74828	54307562	560	9299786	261
江　苏	Jiangsu	504909	179260257	3075	16655941	1230
浙　江	Zhejiang	193920	54848169	1119	8012107	986
安　徽	Anhui	76438	21739596	391	1174059	263
福　建	Fujian	46709	13514543	274	1528265	112
江　西	Jiangxi	65581	13231706	274	435146	372
山　东	Shandong	180618	63630255	729	2001686	635
河　南	Henan	152696	24629852	783	797196	835
湖　北	Hubei	150503	29977895	443	1405717	1691
湖　南	Hunan	122929	27085794	418	1228775	239
广　东	Guangdong	424764	188291835	2255	11456630	1119
广　西	Guangxi	41606	10645386	231	509714	165
海　南	Hainan	5606	11411595	15	69622	7
重　庆	Chongqing	47868	8008829	180	307547	69
四　川	Sichuan	115539	31759638	456	2359673	648
贵　州	Guizhou	19214	5878387	54	183190	39
云　南	Yunnan	24202	5473185	48	1544671	138
西　藏	Tibet	1408	40097	6	2600	5
陕　西	Shaanxi	92095	28191170	365	2296963	290
甘　肃	Gansu	27609	4767981	124	278983	159
青　海	Qinghai	7406	2349509	24	220253	15
宁　夏	Ningxia	10397	2027896	13	123050	9
新　疆	Xinjiang	14124	3305846	59	42684	45
新疆兵团	Xinjiang Corps	5651	970123	13	4290	12

3-6 各地区国家级科技企业孵化器基本情况

General Statistics of State Level TBIs by Region

地 区	Region	统计孵化器数*（个）Number of TBIs with Data (unit)	孵化器总收入（千元）Total Income of TBIs (1000 yuan)	管理机构从业人员数（人）Number of Management Personnel (person)	孵化基金总额（千元）Total Incubator Fund (1000 yuan)	创业导师人数（人）Number of Innovation Mentors (person)	对公共技术服务平台投资额（千元）Investment into the Public Service Platform (1000 yuan)
合 计	**Total**	**1285**	**20165560**	**24029**	**81093363**	**27928**	**3913415**
东部地区	Eastern Region	803	13290672	13571	59952805	16869	2583778
中部地区	Middle Region	213	2353932	4078	7193969	4421	706374
西部地区	Western Region	194	3655491	4663	11655854	5031	461859
东北地区	Northeast Region	75	865464	1717	2290734	1607	161403
北 京	Beijing	65	2378428	1455	22373818	2370	149564
天 津	Tianjin	35	279474	508	227497	730	40375
河 北	Hebei	40	273977	737	431667	702	43600
山 西	Shanxi	16	256651	274	189425	293	52563
内蒙古	Inner Mongolia	13	134111	965	484390	516	23299
辽 宁	Liaoning	31	336616	696	956740	600	41723
吉 林	Jilin	23	356771	564	644794	619	93399
黑龙江	Heilongjiang	21	172077	457	689200	388	26282
上 海	Shanghai	61	1162910	1106	4513348	1212	68477
江 苏	Jiangsu	219	3290341	3583	10987339	2887	930856
浙 江	Zhejiang	94	1265980	1495	8049302	2238	581615
安 徽	Anhui	38	204939	542	888997	605	259664
福 建	Fujian	18	396309	366	752740	322	33752
江 西	Jiangxi	22	215587	593	1490571	610	60608
山 东	Shandong	97	1045479	1558	4325895	2467	354480
河 南	Henan	50	713616	952	1001209	1139	82282
湖 北	Hubei	62	532270	1066	2317230	1316	197352
湖 南	Hunan	25	430870	651	1306537	458	53904
广 东	Guangdong	171	3139719	2658	8273769	3885	372729
广 西	Guangxi	19	148980	340	131200	313	22116
海 南	Hainan	3	58056	105	17430	56	8330
重 庆	Chongqing	22	172768	294	1018000	483	12948
四 川	Sichuan	40	756690	647	617517	979	159824
贵 州	Guizhou	9	809817	290	649950	155	21891
云 南	Yunnan	15	86154	270	61200	419	12572
西 藏	Tibet	2		18	10000	56	1700
陕 西	Shaanxi	36	1152439	1049	7575700	1128	123127
甘 肃	Gansu	12	155288	255	880597	209	44652
青 海	Qinghai	7	80905	162	134000	350	4990
宁 夏	Ningxia	5	27680	115	16000	53	6979
新 疆	Xinjiang	10	123216	195	68700	268	26238
新疆兵团	Xinjiang Corps	4	7444	63	8600	102	1522

注：截至2020年底，全国共有国家级孵化器1287家，其中上报数据的国家级孵化器1285家，表中有关数据均为1285家上报数据的国家级孵化器汇总数据。

3-7 各地区国家级科技企业孵化器孵化企业情况
Tenants Statistics of State Level TBIs by Region

单位：个 (unit)

地区	Region	在孵企业数 Number of Tenants	高新技术企业 Hi-tech Enterprises	当年新增在孵企业 New Incubatees	累计毕业企业 Accumulated Number of Graduated Tenants	当年毕业企业 Number of Graduated Tenants of the Year	收入达5千万元企业数 Number of Tenants with Income More than 50 million yuan
合计	**Total**	**100757**	**7941**	**24788**	**113014**	**12328**	**3097**
东部地区	Eastern Region	61307	4934	14808	72231	7999	2228
中部地区	Middle Region	18008	1474	4342	18336	1972	461
西部地区	Western Region	15117	961	4038	15619	1813	328
东北地区	Northeast Region	6325	572	1600	6828	544	80
北京	Beijing	5544	727	1156	9645	811	116
天津	Tianjin	2682	210	651	2188	260	83
河北	Hebei	3117	324	712	2751	298	74
山西	Shanxi	1018	93	259	1288	176	22
内蒙古	Inner Mongolia	1094	69	249	928	82	15
辽宁	Liaoning	2634	280	634	3191	264	37
吉林	Jilin	1625	143	413	1513	131	39
黑龙江	Heilongjiang	2066	149	553	2124	149	4
上海	Shanghai	4171	288	985	3288	276	111
江苏	Jiangsu	17554	1585	4102	19657	2355	786
浙江	Zhejiang	7124	309	1893	9527	1032	234
安徽	Anhui	2603	158	749	2775	301	72
福建	Fujian	1487	189	403	2419	197	136
江西	Jiangxi	1916	108	428	1614	224	68
山东	Shandong	7591	500	1704	9776	887	209
河南	Henan	4754	405	1170	4727	521	144
湖北	Hubei	5112	469	1261	5185	470	86
湖南	Hunan	2605	241	475	2747	280	69
广东	Guangdong	11671	790	3131	12832	1861	476
广西	Guangxi	1741	67	573	1776	217	36
海南	Hainan	366	12	71	148	22	3
重庆	Chongqing	1359	49	343	1769	208	15
四川	Sichuan	3369	174	1043	3493	337	114
贵州	Guizhou	649	70	208	608	101	5
云南	Yunnan	1320	68	265	1205	136	17
西藏	Tibet	56	1	14	85	25	3
陕西	Shaanxi	2740	375	575	3564	387	93
甘肃	Gansu	948	52	295	616	72	9
青海	Qinghai	370	12	92	466	72	5
宁夏	Ningxia	259	4	87	341	55	4
新疆	Xinjiang	821	16	163	516	51	10
新疆兵团	Xinjiang Corps	391	4	131	252	70	2

3-8 各地区国家级科技企业孵化器孵化场地情况

Space Statistics of State Level TBIs by Region

单位：平方米 (sq.m)

地　区	Region	总面积 Total Space Area	办公用房 Space for Office	企业用房 Space for Tenants	服务用房 Space for Service	其他 Others
合　计	**Total**	**43889829**	**1450759**	**33086925**	**5817219**	**3534926**
东部地区	Eastern Region	27108684	877575	20390783	3531755	2308571
中部地区	Middle Region	6816312	219173	5336469	874632	386038
西部地区	Western Region	7590505	283485	5501701	1109868	695452
东北地区	Northeast Region	2374327	70526	1857972	300964	144865
北　京	Beijing	1814429	66677	1406581	228560	112610
天　津	Tianjin	764712	20599	622368	86714	35032
河　北	Hebei	1176682	50814	966194	106598	53076
山　西	Shanxi	526509	13104	409663	71627	32114
内蒙古	Inner Mongolia	629259	43200	501243	77997	6820
辽　宁	Liaoning	879432	30979	697634	121565	29255
吉　林	Jilin	955035	27155	768007	111123	48750
黑龙江	Heilongjiang	539859	12392	392332	68276	66859
上　海	Shanghai	1196049	42120	937856	137915	78158
江　苏	Jiangsu	9427911	373383	7080805	1155549	818175
浙　江	Zhejiang	3019946	95551	2364680	356987	202728
安　徽	Anhui	878704	26654	671119	117139	63792
福　建	Fujian	652149	15802	506074	80894	49380
江　西	Jiangxi	872766	34389	711694	102728	23955
山　东	Shandong	4245192	88515	3104157	597025	455495
河　南	Henan	1707012	57889	1369713	224696	54714
湖　北	Hubei	1780242	60642	1324258	237934	157407
湖　南	Hunan	1051080	26494	850022	120507	54056
广　东	Guangdong	4739285	122581	3344981	770291	501432
广　西	Guangxi	729593	20078	503492	113673	92351
海　南	Hainan	72328	1533	57088	11221	2486
重　庆	Chongqing	397476	18489	303527	61717	13742
四　川	Sichuan	1272153	33617	898474	195045	145017
贵　州	Guizhou	676961	16489	533569	107803	19100
云　南	Yunnan	477419	12895	384714	59814	19997
西　藏	Tibet	14795	700	10900	2595	600
陕　西	Shaanxi	1546061	40969	1196848	221175	87068
甘　肃	Gansu	446833	14710	276609	99107	56407
青　海	Qinghai	660105	53591	395359	41460	169694
宁　夏	Ningxia	211402	16238	162189	19927	13048
新　疆	Xinjiang	416511	10679	259687	97056	49089
新疆兵团	Xinjiang Corps	111937	1830	75090	12500	22517

3-9 各地区国家级科技企业孵化器当年在孵企业情况

General Statistics of Tenants of State Level TBIs by Region

地　区	Region	在孵企业从业人员数(人) Number of Employees of Incubatees (person)	在孵企业总收入(千元) Total Income of Incubatees (1000 yuan)	当年获得投融资企业数(个) Number of Incubateess Obtained Investment and Finance (unit)	当年获风险投资额(千元) Amount of Venture Capital for Incubatees (1000 yuan)	当年获得孵化基金在孵企业数(个) Number of Incubatees Received Incubator Fund (unit)
合　计	**Total**	**1451398**	**500824122**	**7913**	**45588013**	**6611**
东部地区	Eastern Region	863364	370098983	5311	35861181	2756
中部地区	Middle Region	283418	60809072	1389	3371551	2592
西部地区	Western Region	218986	51910144	940	5954099	979
东北地区	Northeast Region	85630	18005924	273	401181	284
北　京	Beijing	96226	117361693	408	8109884	152
天　津	Tianjin	38544	5997514	263	305838	149
河　北	Hebei	41531	7729915	170	202469	79
山　西	Shanxi	15353	3404353	60	80365	46
内蒙古	Inner Mongolia	17517	6370870	27	30352	30
辽　宁	Liaoning	41165	7942283	125	237346	102
吉　林	Jilin	26785	6695337	100	73727	152
黑龙江	Heilongjiang	17680	3368304	48	90108	30
上　海	Shanghai	45703	19316657	404	6258603	143
江　苏	Jiangsu	265233	90139793	1601	10564291	614
浙　江	Zhejiang	86345	23493066	717	2124648	652
安　徽	Anhui	29685	8440435	201	757235	134
福　建	Fujian	20456	4636122	212	867625	76
江　西	Jiangxi	36169	8545179	175	308636	246
山　东	Shandong	102917	33477424	475	1093088	396
河　南	Henan	91408	15782438	480	560724	537
湖　北	Hubei	65207	14774049	262	993445	1518
湖　南	Hunan	45596	9862618	211	671146	111
广　东	Guangdong	163337	56746642	1056	6321865	495
广　西	Guangxi	18620	4929726	108	218133	79
海　南	Hainan	3072	11200156	5	12870	
重　庆	Chongqing	18720	2661222	79	164870	44
四　川	Sichuan	52152	8807729	252	1484375	322
贵　州	Guizhou	8451	2603993	32	118290	27
云　南	Yunnan	13948	3918889	37	1521321	117
西　藏	Tibet	405	40024	5	2200	5
陕　西	Shaanxi	58945	16094431	280	1994649	215
甘　肃	Gansu	11746	1955906	56	251926	97
青　海	Qinghai	4862	1683982	18	57103	12
宁　夏	Ningxia	2315	611673	10	92450	9
新　疆	Xinjiang	8401	1707418	27	15130	17
新疆兵团	Xinjiang Corps	2904	524282	9	3300	5

3-10 计划单列市科技企业孵化器基本情况
General Statistics of TBIs of the Cities Listed Independently in the State Plan

地 区	Region	统计孵化器数 (个) Number of TBIs with Data (unit)	孵化器总收入 (千元) Total Income of TBIs (1000 yuan)	管理机构从业人员数 (人) Number of Management Personnel (person)	孵化基金总额 (千元) Total Incubator Fund (1000 yuan)	创业导师人数 (人) Number of Innovation Mentors (person)	对公共技术服务平台投资额 (千元) Investment into the Public Service Platform (1000 yuan)
合 计	**Total**	**360**	**5401077**	**4893**	**18851835**	**4785**	**433444**
大 连	Dalian	35	125665	418	179950	380	46544
宁 波	Ningbo	28	233464	392	1042435	565	21594
厦 门	Xiamen	40	518855	616	1217762	796	24029
青 岛	Qingdao	50	479839	647	1682780	1163	100798
深 圳	Shenzhen	207	4043253	2820	14728908	1881	240479

3-11 计划单列市科技企业孵化器孵化企业情况
Tenants Statistics of TBIs of the Cities Listed Independently in the State Plan

单位：个 (unit)

地 区	Region	在孵企业数 Number of Tenants	高新技术企业 Hi-tech Enterprises	当年新增在孵企业 New Incubatees	累计毕业企业 Accumulated Number of Graduated Tenants	当年毕业企业 Number of Graduated Tenants of the Year	收入达5千万元企业数 Number of Tenants with Income More than 50 million yuan
合 计	**Total**	**14314**	**909**	**4071**	**15896**	**1986**	**392**
大 连	Dalian	1615	96	406	1889	194	8
宁 波	Ningbo	1798	79	469	1977	217	50
厦 门	Xiamen	1747	144	542	1831	221	138
青 岛	Qingdao	2183	167	431	1974	258	40
深 圳	Shenzhen	6971	423	2223	8225	1096	156

3-12 计划单列市科技企业孵化器孵化场地情况
Space Statistics of TBIs of the Cities Listed Independently in the State Plan

单位：平方米 (sq.m)

地　区	Region	总面积 Total Space Area	办公用房 Space for Office	企业用房 Space for Tenants	服务用房 Space for Service	其他 Others
合　计	**Total**	**7592126**	**601188**	**5370774**	**843273**	**776891**
大　连	Dalian	528952	13504	410233	59702	45514
宁　波	Ningbo	798794	41473	601121	98749	57451
厦　门	Xiamen	922746	55199	650391	132924	84232
青　岛	Qingdao	944542	29861	671698	126704	116279
深　圳	Shenzhen	4397091	461150	3037332	425194	473415

3-13 计划单列市科技企业孵化器当年在孵企业情况
Annual Statistics of Incubatees of TBIs of the Cities Listed Independently in the State Plan

地　区	Region	在孵企业从业人员数（人） Number of Employees of Incubatees (person)	在孵企业总收入（千元） Total Income of Incubatees (1000 yuan)	当年获得投融资企业数（个） Number of Incubateess Obtained Investment and Finance (unit)	当年获风险投资额（千元） Amount of Venture Capital for Incubatees (1000 yuan)	当年获得孵化基金在孵企业数（个） Number of Incubatees Received Incubator Fund (unit)
合　计	**Total**	**208278**	**109308072**	**1082**	**7577424**	**506**
大　连	Dalian	15528	3600788	79	121269	77
宁　波	Ningbo	20150	7065275	225	679620	94
厦　门	Xiamen	22218	5595158	190	765444	68
青　岛	Qingdao	26942	12534857	121	717464	87
深　圳	Shenzhen	123440	80511994	467	5293626	180

3-14 计划单列市国家级科技企业孵化器基本情况
General Statistics of State Level TBIs of the Cities Listed Independently in the State Plan

地区	Region	统计孵化器数（个）Number of TBIs with Data (unit)	孵化器总收入（千元）Total Income of TBIs (1000 yuan)	管理机构从业人员数（人）Number of Management Personnel (person)	孵化基金总额（千元）Total Incubator Fund (1000 yuan)	创业导师人数（人）Number of Innovation Mentors (person)	对公共技术服务平台投资额（千元）Investment into the Public Service Platform (1000 yuan)
合计	**Total**	**89**	**1812677**	**1536**	**4701563**	**1850**	**198418**
大连	Dalian	12	69303	181	123200	132	15990
宁波	Ningbo	12	156062	214	619825	338	10510
厦门	Xiamen	9	351454	237	640740	158	18169
青岛	Qingdao	21	391578	347	527580	620	82963
深圳	Shenzhen	35	844279	557	2790218	602	70786

3-15 计划单列市国家级科技企业孵化器孵化企业情况
Tenants Statistics of State Level TBIs of the Cities Listed Independently in the State Plan

单位：个 (unit)

地区	Region	在孵企业数 Number of Tenants	高新技术企业 Hi-tech Enterprises	当年新增在孵企业 New Incubatees	累计毕业企业 Accumulated Number of Graduated Tenants	当年毕业企业 Number of Graduated Tenants of the Year	收入达5千万元企业数 Number of Tenants with Income More than 50 million yuan
合计	**Total**	**6680**	**599**	**1844**	**10533**	**1038**	**284**
大连	Dalian	716	81	157	1230	98	7
宁波	Ningbo	1192	68	341	1693	155	38
厦门	Xiamen	911	110	285	1483	143	134
青岛	Qingdao	1307	93	259	1719	183	36
深圳	Shenzhen	2554	247	802	4408	459	69

3-16 计划单列市国家级科技企业孵化器孵化场地情况
Space Statistics of State Level TBIs of the Cities Listed Independently in the State Plan

单位：平方米 (sq.m)

地区	Region	总面积 Total Space Area	办公用房 Space for Office	企业用房 Space for Tenants	服务用房 Space for Service	其他 Others
合计	**Total**	**2719031**	**78210**	**2113095**	**334651**	**193077**
大连	Dalian	229158	4462	177988	29800	16909
宁波	Ningbo	420457	18249	311898	54157	36154
厦门	Xiamen	422732	11451	324327	53753	33202
青岛	Qingdao	690586	15650	500147	89609	85180
深圳	Shenzhen	956098	28398	798735	107333	21632

3-17 计划单列市国家级科技企业孵化器当年在孵企业情况
General Statistics of Tenants of State Level TBIs of the Cities Listed Independently in the State Plan

地区	Region	在孵企业从业人员数（人） Number of Employees of Incubatees (person)	在孵企业总收入（千元） Total Income of Incubatees (1000 yuan)	当年获得投融资企业数（个） Number of Incubateess Obtained Investment and Finance (unit)	当年获风险投资额（千元） Amount of Venture Capital for Incubatees (1000 yuan)	当年获得孵化基金在孵企业数（个） Number of Incubatees Received Incubator Fund (unit)
合计	**Total**	**94608**	**32338264**	**725**	**3998864**	**319**
大连	Dalian	7904	2289546	56	106777	37
宁波	Ningbo	14643	5821202	198	507060	86
厦门	Xiamen	13799	2873616	162	539890	65
青岛	Qingdao	19250	5517264	66	232653	52
深圳	Shenzhen	39012	15836636	243	2612484	79

第四部分

众创空间

The Fourth Part

Mass Maker Spaces

4-1 各地区众创空间基本运营情况

General Statistics of Mass Maker Spaces by Region

地　　区	Region	统计众创空间数（个）Number of Mass Maker Spaces with Data (unit)	众创空间总收入（千元）Total Income of Mass Maker Spaces (1000 yuan)	提供工位数（个）Number of Cubicles Offered (unit)	众创空间服务人员数量（人）Number of Service Personnel (person)	创业导师人数（人）Number of Innovation Mentors (person)	享受财政资金支持额（千元）Received Fiscial Fund Support (1000 yuan)
合　　计	**Total**	**8507**	**22732230**	**1493209**	**95020**	**160967**	**3222281**
东部地区	Eastern Region	4736	14696834	828571	48785	83966	2091503
中部地区	Middle Region	1692	3634616	308492	21004	30874	600556
西部地区	Western Region	1661	3828137	290081	20490	36594	377901
东北地区	Northeast Region	418	572643	66065	4741	9533	152321
北　　京	Beijing	232	5415419	144548	5187	8589	205611
天　　津	Tianjin	209	298935	40779	2291	6869	70473
河　　北	Hebei	645	437494	67982	6334	10152	52338
山　　西	Shanxi	343	642227	59502	4667	4544	100189
内 蒙 古	Inner Mongolia	144	224583	25509	2300	2695	27175
辽　　宁	Liaoning	250	314272	44493	2762	6879	132834
吉　　林	Jilin	121	212561	15917	1537	1847	8305
黑 龙 江	Heilongjiang	47	45810	5655	442	807	11183
上　　海	Shanghai	144	649780	44866	1335	3355	433861
江　　苏	Jiangsu	898	1679298	107996	8132	11869	467038
浙　　江	Zhejiang	735	2195884	128953	7569	13362	472819
安　　徽	Anhui	252	325136	28541	2635	3642	68155
福　　建	Fujian	336	631174	53130	2908	7031	54262
江　　西	Jiangxi	183	909946	65605	3507	4705	68273
山　　东	Shandong	525	1193745	81143	6372	9540	178308
河　　南	Henan	286	464048	51146	3343	5879	78375
湖　　北	Hubei	346	807983	53881	3906	6210	140132
湖　　南	Hunan	282	485276	49817	2946	5894	145432
广　　东	Guangdong	993	2157286	154444	8439	12785	150026
广　　西	Guangxi	121	145739	12749	1218	2316	8337
海　　南	Hainan	19	37819	4730	218	414	6767
重　　庆	Chongqing	258	586293	54974	2666	5105	74585
四　　川	Sichuan	255	982242	45885	2593	6750	69535
贵　　州	Guizhou	78	159681	11198	1087	1573	10684
云　　南	Yunnan	133	405391	22671	2063	3780	15896
西　　藏	Tibet	22	74950	2449	328	677	6595
陕　　西	Shaanxi	298	716440	81575	3812	7548	124482
甘　　肃	Gansu	217	387611	18851	3075	3413	24552
青　　海	Qinghai	36	59103	2213	309	908	6025
宁　　夏	Ningxia	6	11136	1805	64	138	2660
新　　疆	Xinjiang	62	57807	6020	678	1380	4443
新疆兵团	Xinjiang Corps	31	17163	4182	297	311	2930

4-2 各地区众创空间服务情况
Service Statistics of Mass Maker Spaces by Region

地区	Region	当年服务的创业团队数（个）Number of Serviced Entrepreneurial Groups (unit)	当年服务的初创企业的数（个）Number of Serviced Startup Companies (unit)	举办创新创业活动（场次）Number of Activities for Business Creation and Innovation (item)	开展创业教育培训（场次）Number of Training Programs on Entrepreneurship (item)	当年获得技术支撑服务的团队和企业数（个）Number of Groups and Startups Received Technical Support (unit)
合　计	**Total**	**221083**	**218270**	**130183**	**98013**	**88663**
东部地区	Eastern Region	107796	121350	64351	48460	46757
中部地区	Middle Region	57668	46237	33195	25061	18813
西部地区	Western Region	42713	40658	25850	19328	16660
东北地区	Northeast Region	12906	10025	6787	5164	6433
北　京	Beijing	17816	20776	5419	3358	5979
天　津	Tianjin	6620	7391	3829	2736	3062
河　北	Hebei	11689	10337	7489	7924	4773
山　西	Shanxi	10967	10755	8897	5907	2866
内蒙古	Inner Mongolia	3653	3226	2024	1628	1504
辽　宁	Liaoning	8159	6293	4448	3157	4517
吉　林	Jilin	3414	2127	1615	1500	1386
黑龙江	Heilongjiang	1333	1605	724	507	530
上　海	Shanghai	3504	6510	3459	1984	2100
江　苏	Jiangsu	16208	19359	10352	7660	6603
浙　江	Zhejiang	14172	16425	10337	7426	7352
安　徽	Anhui	4260	4552	3371	2723	2195
福　建	Fujian	6119	5398	4011	3155	2313
江　西	Jiangxi	12604	5231	4322	4932	2544
山　东	Shandong	11361	11019	7619	5959	5171
河　南	Henan	12367	8133	4771	3585	4684
湖　北	Hubei	11557	11063	6662	4313	3168
湖　南	Hunan	5913	6503	5172	3601	3356
广　东	Guangdong	19688	23146	11290	7744	8978
广　西	Guangxi	2603	2134	1572	1090	856
海　南	Hainan	619	989	546	514	426
重　庆	Chongqing	6739	8155	3730	3065	2616
四　川	Sichuan	6237	6354	5177	3172	2223
贵　州	Guizhou	1924	1286	903	633	520
云　南	Yunnan	4823	2557	1799	1404	1486
西　藏	Tibet	551	735	415	262	113
陕　西	Shaanxi	6610	8604	5720	4020	3520
甘　肃	Gansu	5129	3905	2868	2286	2702
青　海	Qinghai	912	800	489	447	104
宁　夏	Ningxia	314	178	104	59	46
新　疆	Xinjiang	2300	2174	789	745	555
新疆兵团	Xinjiang Corps	918	550	260	517	415

地　区	Region	当年获得投融资的创业团队数（个）Number of Entrepreneurial Groups that Received Investment (unit)	当年获得投融资的初创企业数（个）Number of Startup Companies that Received Investment (unit)	创业团队当年获得投融资总额（千元）Amount of Investment Received by Entrepreneurial Groups (1000 yuan)	初创企业当年获得投融资总额（千元）Amount of Investment Received by Startup Companies (1000 yuan)
合　计	**Total**	**8864**	**8529**	**15719081**	**42621664**
东部地区	Eastern Region	4139	4893	12908289	37273160
中部地区	Middle Region	2631	2057	1542935	2847081
西部地区	Western Region	1553	1266	976389	2238883
东北地区	Northeast Region	541	313	291468	262540
北　京	Beijing	412	476	9929507	20022181
天　津	Tianjin	121	281	64515	888429
河　北	Hebei	340	315	101495	117568
山　西	Shanxi	246	315	65949	102690
内蒙古	Inner Mongolia	106	48	64436	51070
辽　宁	Liaoning	451	220	214774	180201
吉　林	Jilin	78	64	75506	75100
黑龙江	Heilongjiang	12	29	1188	7240
上　海	Shanghai	85	273	738609	4933598
江　苏	Jiangsu	663	953	321630	3795303
浙　江	Zhejiang	817	926	651430	2243635
安　徽	Anhui	303	260	60801	179965
福　建	Fujian	273	241	258866	670499
江　西	Jiangxi	428	374	287264	300842
山　东	Shandong	376	340	379270	340706
河　南	Henan	686	353	97711	255546
湖　北	Hubei	333	348	431371	809585
湖　南	Hunan	635	407	599838	1198453
广　东	Guangdong	1034	1058	454066	4240490
广　西	Guangxi	104	123	30588	41084
海　南	Hainan	18	30	8900	20750
重　庆	Chongqing	219	217	277187	257904
四　川	Sichuan	210	219	178643	501220
贵　州	Guizhou	39	27	21472	6687
云　南	Yunnan	126	69	43698	47893
西　藏	Tibet	24	33	7200	14120
陕　西	Shaanxi	293	311	274234	1212243
甘　肃	Gansu	259	148	47647	67132
青　海	Qinghai	45	20	23500	25940
宁　夏	Ningxia	10	7	805	955
新　疆	Xinjiang	107	32	4542	8021
新疆兵团	Xinjiang Corps	11	12	2438	4615

4-3 各地区众创空间创业团队和企业情况

Statistics of Groups and Startups of Mass Maker Spaces by Region

地　区	Region	创业团队人员数（人）Number of Employment by Entrepreneurial Groups (person)	应届大学毕业生（人）Number of Recruited College Graduates (person)	常驻创业团队拥有有效知识产权数（个）Valid IPRs Held by Tenants (piece)	发明专利数（个）Invention Patents (piece)	新注册企业数（家）Newly Registered Companies (unit)
合　计	**Total**	**844432**	**130445**	**157006**	**27176**	**80077**
东部地区	Eastern Region	400074	54979	96423	16607	42542
中部地区	Middle Region	231400	42127	36639	6308	18199
西部地区	Western Region	164714	26250	20142	3380	15154
东北地区	Northeast Region	48244	7089	3802	881	4182
北　京	Beijing	92659	8143	48277	7092	5862
天　津	Tianjin	20056	2636	3545	822	2387
河　北	Hebei	36824	4539	3679	420	3674
山　西	Shanxi	40310	5795	5713	464	4254
内 蒙 古	Inner Mongolia	23221	3703	1550	205	667
辽　宁	Liaoning	32334	4914	1946	606	2863
吉　林	Jilin	11418	1535	1685	243	692
黑 龙 江	Heilongjiang	4492	640	171	32	627
上　海	Shanghai	11457	1300	3086	692	1516
江　苏	Jiangsu	52850	7578	9286	2213	7217
浙　江	Zhejiang	53573	8906	7703	1885	6627
安　徽	Anhui	17950	2876	2135	451	1672
福　建	Fujian	23306	3175	3674	416	2162
江　西	Jiangxi	63406	13280	10545	407	2107
山　东	Shandong	41868	7182	5787	1193	4589
河　南	Henan	38333	8051	4673	1075	2813
湖　北	Hubei	38536	6129	8403	2796	4927
湖　南	Hunan	32865	5996	5170	1115	2426
广　东	Guangdong	65775	11327	11058	1756	8118
广　西	Guangxi	10012	2760	867	160	752
海　南	Hainan	1706	193	328	118	390
重　庆	Chongqing	25853	4250	4308	835	4325
四　川	Sichuan	23014	3400	4053	421	2262
贵　州	Guizhou	8194	901	1043	87	532
云　南	Yunnan	18067	2756	2170	565	967
西　藏	Tibet	2153	189	117	36	139
陕　西	Shaanxi	24503	4024	2710	524	2921
甘　肃	Gansu	17980	2762	2699	409	1109
青　海	Qinghai	3806	399	136	25	166
宁　夏	Ningxia	722	148	101	26	142
新　疆	Xinjiang	5908	830	256	54	859
新疆兵团	Xinjiang Corps	1281	128	132	33	313

4-3 续表 continued

地 区	Region	初创企业吸纳就业人数（人）Number of Employment by Startups (person)	应届大学毕业生（人）Number of Recruited College Graduates (person)	常驻初创企业拥有有效知识产权数（个）Valid IPRs Held by Startups (piece)	发明专利数（个）Invention Patents (piece)
合 计	**Total**	**1001647**	**145024**	**263164**	**39015**
东部地区	Eastern Region	547525	69504	174100	26823
中部地区	Middle Region	214791	39612	45912	6202
西部地区	Western Region	192796	27723	36597	5031
东北地区	Northeast Region	46535	8185	6555	959
北 京	Beijing	137874	13070	58472	8903
天 津	Tianjin	22563	3402	7803	1402
河 北	Hebei	35702	3950	3717	377
山 西	Shanxi	36954	5958	6783	418
内 蒙 古	Inner Mongolia	16416	2143	1761	159
辽 宁	Liaoning	32319	5950	4097	631
吉 林	Jilin	7156	1003	1025	149
黑 龙 江	Heilongjiang	7060	1232	1433	179
上 海	Shanghai	34009	3474	17647	2487
江 苏	Jiangsu	79427	10064	24804	4722
浙 江	Zhejiang	74737	11366	13768	2549
安 徽	Anhui	23037	3637	4684	664
福 建	Fujian	22364	3174	7705	861
江 西	Jiangxi	33248	9243	8667	390
山 东	Shandong	45724	7714	7984	1222
河 南	Henan	35609	6966	8740	1510
湖 北	Hubei	41600	6866	9582	1661
湖 南	Hunan	44343	6942	7456	1559
广 东	Guangdong	90836	12570	30167	4172
广 西	Guangxi	8446	1163	952	189
海 南	Hainan	4289	720	2033	128
重 庆	Chongqing	38567	5975	5676	965
四 川	Sichuan	30569	4246	7966	944
贵 州	Guizhou	7206	2979	997	114
云 南	Yunnan	13112	1554	2323	261
西 藏	Tibet	3682	337	435	63
陕 西	Shaanxi	45801	5631	13486	1808
甘 肃	Gansu	15818	2093	1567	303
青 海	Qinghai	3417	270	305	62
宁 夏	Ningxia	777	121	78	9
新 疆	Xinjiang	7511	981	913	86
新疆兵团	Xinjiang Corps	1474	230	138	68

4-4 各地区众创空间收入情况

Income Statistics of Mass Maker Space by Region

单位：千元 (1000 yuan)

地　区	Region	众创空间总收入 Total Income	服务收入 Service Income	房租及物业收入 Rent and Logistics Income	投资收入 Investment Income	财政补贴 Fiscal Subsidy
合　计	**Total**	**22732230**	**7622920**	**7488672**	**1592992**	**3017620**
东部地区	Eastern Region	14696834	4328484	5889954	1104745	1643352
中部地区	Middle Region	3634616	1261652	685852	218541	685225
西部地区	Western Region	3828137	1816798	782537	230693	588098
东北地区	Northeast Region	572643	215986	130329	39012	100945
北　京	Beijing	5415419	980696	3440630	63888	223970
天　津	Tianjin	298935	117239	58392	15458	86090
河　北	Hebei	437494	161870	86984	14644	137031
山　西	Shanxi	642227	195344	85318	41208	117247
内蒙古	Inner Mongolia	224583	104248	53794	6484	43770
辽　宁	Liaoning	314272	107258	95170	17535	59225
吉　林	Jilin	212561	87573	30281	21335	22903
黑龙江	Heilongjiang	45810	21155	4878	142	18817
上　海	Shanghai	649780	244916	276199	7404	106082
江　苏	Jiangsu	1679298	663854	405505	67178	327347
浙　江	Zhejiang	2195884	555890	455649	767445	304069
安　徽	Anhui	325136	98873	70637	12906	52615
福　建	Fujian	631174	210708	157187	55141	59616
江　西	Jiangxi	909946	258276	184988	62628	70896
山　东	Shandong	1193745	510059	134961	64910	175416
河　南	Henan	464048	138264	92666	36093	121024
湖　北	Hubei	807983	394219	154542	30454	172268
湖　南	Hunan	485276	176675	97701	35252	151175
广　东	Guangdong	2157286	869455	865966	48417	210798
广　西	Guangxi	145739	61846	24579	13076	35078
海　南	Hainan	37819	13797	8479	260	12934
重　庆	Chongqing	586293	246825	127759	8781	122384
四　川	Sichuan	982242	527015	184447	59709	123563
贵　州	Guizhou	159681	84930	28577	2864	24691
云　南	Yunnan	405391	253969	55003	32115	29574
西　藏	Tibet	74950	23841	11030	11850	18136
陕　西	Shaanxi	716440	274972	214895	42473	135467
甘　肃	Gansu	387611	176184	57113	50802	36232
青　海	Qinghai	59103	28725	3517	1279	5161
宁　夏	Ningxia	11136	5854	2624	232	2423
新　疆	Xinjiang	57807	21437	14243	660	10355
新疆兵团	Xinjiang Corps	17163	6952	4956	369	1264

4-5 各地区国家备案众创空间基本运营情况
General Statistics of National Mass Maker Spaces by Region

地 区	Region	统计众创空间数*（个）Number of Mass Maker Spaces with Data (unit)	众创空间总收入（千元）Total Income of Mass Maker Spaces (1000 yuan)	提供工位数（个）Number of Cubicles Offered (unit)	众创空间服务人员数（人）Number of Service Personnel (person)	创业导师人数（人）Number of Innovation Mentors (person)	享受财政资金支持额（千元）Received Fiscial Fund Support (1000 yuan)
合 计	**Total**	**2202**	**7234798**	**545569**	**27270**	**66242**	**1267677**
东部地区	Eastern Region	1305	4886047	335863	14999	36627	753988
中部地区	Middle Region	337	823137	80956	4831	10742	258370
西部地区	Western Region	444	1303952	103722	5767	14990	171774
东北地区	Northeast Region	116	221662	25028	1673	3883	83544
北 京	Beijing	138	1882343	111366	3497	6886	127897
天 津	Tianjin	82	129317	17418	893	1032	27479
河 北	Hebei	103	115534	14826	1025	2217	20234
山 西	Shanxi	47	94249	11547	718	1237	68162
内 蒙 古	Inner Mongolia	53	72816	11081	687	1269	16264
辽 宁	Liaoning	64	132710	16001	907	2568	70431
吉 林	Jilin	23	51323	4769	447	648	2330
黑 龙 江	Heilongjiang	29	37628	4258	319	667	10784
上 海	Shanghai	69	332530	23475	678	2404	82919
江 苏	Jiangsu	217	503555	32791	2182	4109	178851
浙 江	Zhejiang	154	378207	32413	1392	4764	115680
安 徽	Anhui	50	65372	6341	604	1105	9476
福 建	Fujian	68	158700	17410	519	1622	12544
江 西	Jiangxi	50	279506	22684	1203	1649	32763
山 东	Shandong	209	636566	34113	2310	4865	110169
河 南	Henan	53	85255	14182	677	1946	24829
湖 北	Hubei	80	179924	14785	1000	2386	69066
湖 南	Hunan	57	118831	11417	629	2419	54075
广 东	Guangdong	259	740970	50241	2448	5546	75464
广 西	Guangxi	28	22571	2809	250	732	2723
海 南	Hainan	6	8324	1780	55	182	2750
重 庆	Chongqing	53	192625	18036	732	1328	21096
四 川	Sichuan	71	475532	18517	787	3315	28792
贵 州	Guizhou	24	49724	4081	299	520	4432
云 南	Yunnan	38	43002	7209	634	1451	3008
西 藏	Tibet	5	11193	596	46	73	845
陕 西	Shaanxi	82	312415	29725	1256	3878	80544
甘 肃	Gansu	31	66922	3162	505	786	6671
青 海	Qinghai	13	9386	728	114	425	1390
宁 夏	Ningxia	5	10546	1585	50	126	2660
新 疆	Xinjiang	27	28676	2873	271	948	2018
新疆兵团	Xinjiang Corps	14	8543	3320	136	139	1330

注：截至2020年底，全国共有国家备案众创空间2386家，其中上报数据的国家备案众创空间2202家，表中有关数据均为2202家上报数据的国家备案众创空间汇总数据。

4-6 各地区国家备案众创空间服务情况
Service Statistics of National Mass Maker Spaces by Region

地　区	Region	当年服务的创业团队数 (个) Number of Serviced Entrepreneurial Groups (unit)	当年服务的初创企业的数 (个) Number of Serviced Startup Companies (unit)	举办创新创业活动 (场次) Number of Activities for Business Creation and Innovation (item)	开展创业教育培训 (场次) Number of Training Programs on Entrepreneurship (item)	当年获得技术支撑服务的团队和企业数 (个) Number of Groups and Startups Received Technical Support (unit)
合　计	**Total**	**81323**	**88408**	**45002**	**35645**	**36617**
东部地区	Eastern Region	43995	54207	25171	18874	21109
中部地区	Middle Region	15876	14965	8538	7622	5992
西部地区	Western Region	15789	14982	8769	7299	6741
东北地区	Northeast Region	5663	4254	2524	1850	2775
北　京	Beijing	11396	15619	3917	2147	4535
天　津	Tianjin	3248	3040	1925	1380	1755
河　北	Hebei	2903	2460	1554	3207	1087
山　西	Shanxi	2252	2453	1342	977	558
内蒙古	Inner Mongolia	2066	1678	1102	662	1068
辽　宁	Liaoning	3516	2343	1534	1125	2124
吉　林	Jilin	1092	581	482	406	357
黑龙江	Heilongjiang	1055	1330	508	319	294
上　海	Shanghai	2250	3804	2119	1318	1280
江　苏	Jiangsu	4881	6897	3023	2177	2246
浙　江	Zhejiang	4653	5777	3632	2485	2828
安　徽	Anhui	1165	1941	873	729	846
福　建	Fujian	1396	1720	946	668	570
江　西	Jiangxi	3065	2125	1738	2645	806
山　东	Shandong	5412	5644	3653	2646	2602
河　南	Henan	2994	2015	1021	1131	1601
湖　北	Hubei	4570	4276	1996	1246	1091
湖　南	Hunan	1830	2155	1568	894	1090
广　东	Guangdong	7637	8885	4260	2672	4042
广　西	Guangxi	1033	778	374	258	225
海　南	Hainan	219	361	142	174	164
重　庆	Chongqing	1755	2211	1175	1272	784
四　川	Sichuan	2288	2203	1511	1260	966
贵　州	Guizhou	958	464	316	174	208
云　南	Yunnan	1730	954	569	383	474
西　藏	Tibet	205	289	64	45	26
陕　西	Shaanxi	2600	3435	2311	1911	1675
甘　肃	Gansu	1114	967	424	294	667
青　海	Qinghai	368	426	277	169	27
宁　夏	Ningxia	307	131	97	55	46
新　疆	Xinjiang	818	1121	441	438	350
新疆兵团	Xinjiang Corps	547	325	108	378	225

4-6 续表 continued

地 区	Region	当年获得投融资的创业团队数（个）Number of Entrepreneurial Groups that Received Investment (unit)	当年获得投融资的初创企业数（个）Number of Startup Companies that Received Investment (unit)	创业团队当年获得投融资总额（千元）Amount of Investment Received by Entrepreneurial Groups (1000 yuan)	初创企业当年获得投融资总额（千元）Amount of Investment Received by Startup Companies (1000 yuan)
合 计	**Total**	**3050**	**2955**	**10590776**	**19009846**
东部地区	Eastern Region	1507	1893	9933276	16808998
中部地区	Middle Region	829	500	307235	805289
西部地区	Western Region	523	458	256176	1232920
东北地区	Northeast Region	191	104	94089	162639
北 京	Beijing	267	325	8640002	7619651
天 津	Tianjin	54	96	21484	184193
河 北	Hebei	60	52	14992	13537
山 西	Shanxi	38	60	29425	29902
内 蒙 古	Inner Mongolia	46	30	36930	24760
辽 宁	Liaoning	145	67	48681	113068
吉 林	Jilin	38	17	44350	43017
黑 龙 江	Heilongjiang	8	20	1058	6554
上 海	Shanghai	40	171	551209	3334293
江 苏	Jiangsu	154	285	95660	2209275
浙 江	Zhejiang	389	345	96590	1146372
安 徽	Anhui	80	64	22301	60731
福 建	Fujian	48	54	26763	93109
江 西	Jiangxi	89	89	122611	160210
山 东	Shandong	122	145	218325	154470
河 南	Henan	159	92	17334	86485
湖 北	Hubei	60	82	68359	161491
湖 南	Hunan	403	113	47205	306469
广 东	Guangdong	365	407	265750	2044067
广 西	Guangxi	20	44	6189	2846
海 南	Hainan	8	13	2500	10030
重 庆	Chongqing	49	69	30558	72190
四 川	Sichuan	42	57	55691	171053
贵 州	Guizhou	8	2	6000	2680
云 南	Yunnan	59	35	23388	13661
西 藏	Tibet	6	10	2150	6100
陕 西	Shaanxi	153	150	69415	904282
甘 肃	Gansu	25	27	7350	12943
青 海	Qinghai	7	8	15900	16550
宁 夏	Ningxia	10	7	805	955
新 疆	Xinjiang	90	10	407	3351
新疆兵团	Xinjiang Corps	8	9	1395	1550

4-7 各地区国家备案众创空间创业团队和企业情况
Statistics of Groups and Startups of National Mass Maker Spaces by Region

地区	Region	创业团队人员数 (人) Number of Employment by Entrepreneurial Groups (person)	应届大学毕业生 (人) Number of Recruited College Graduates (person)	常驻创业团队拥有有效知识产权数 (个) Valid IPRs Held by Tenants (piece)	发明专利数 (个) Invention Patents (piece)	新注册企业数 (家) Newly Registered Companies (unit)
合　计	**Total**	**318339**	**53177**	**57181**	**9743**	**28160**
东部地区	Eastern Region	176210	24046	40499	6173	16215
中部地区	Middle Region	60965	14105	8813	1843	5089
西部地区	Western Region	61524	11512	6523	1444	5210
东北地区	Northeast Region	19640	3514	1346	283	1646
北　京	Beijing	62935	5696	21859	2603	4017
天　津	Tianjin	11155	1341	1739	282	815
河　北	Hebei	8828	1331	751	145	821
山　西	Shanxi	9435	1913	970	95	756
内蒙古	Inner Mongolia	11792	2510	1237	148	400
辽　宁	Liaoning	12020	2298	516	113	1071
吉　林	Jilin	3955	664	702	145	149
黑龙江	Heilongjiang	3665	552	128	25	426
上　海	Shanghai	8594	964	761	96	837
江　苏	Jiangsu	16676	2688	3264	838	2267
浙　江	Zhejiang	14821	2761	2819	620	2120
安　徽	Anhui	3860	549	748	145	551
福　建	Fujian	4565	701	914	109	598
江　西	Jiangxi	16806	5944	1229	162	699
山　东	Shandong	20578	3471	3595	604	2044
河　南	Henan	10601	2584	1463	409	667
湖　北	Hubei	10457	1509	2642	444	1710
湖　南	Hunan	9806	1606	1761	588	706
广　东	Guangdong	27495	5075	4673	855	2468
广　西	Guangxi	3982	1589	173	69	151
海　南	Hainan	563	18	124	21	228
重　庆	Chongqing	7262	1520	1501	216	884
四　川	Sichuan	8637	1236	753	146	706
贵　州	Guizhou	3824	483	224	28	273
云　南	Yunnan	5157	679	986	430	320
西　藏	Tibet	673	69	7	2	54
陕　西	Shaanxi	9276	1833	946	213	1075
甘　肃	Gansu	4351	794	321	113	296
青　海	Qinghai	2453	247	74	7	114
宁　夏	Ningxia	715	148	101	26	142
新　疆	Xinjiang	2492	319	121	18	582
新疆兵团	Xinjiang Corps	910	85	79	28	213

地 区	Region	初创企业吸纳就业人数（人）Number of Employment by Startups (person)	应届大学毕业生（人）Number of Recruited College Graduates (person)	常驻初创企业拥有有效知识产权数（个）Valid IPRs Held by Startups (piece)	发明专利数（个）Invention Patents (piece)
合 计	**Total**	**424234**	**60166**	**128410**	**18415**
东部地区	Eastern Region	262785	32057	87568	12994
中部地区	Middle Region	64912	13791	16229	2393
西部地区	Western Region	75956	10898	21006	2546
东北地区	Northeast Region	20581	3420	3607	482
北 京	Beijing	101837	8478	34958	5031
天 津	Tianjin	10842	1654	4578	626
河 北	Hebei	9331	1216	1466	151
山 西	Shanxi	9029	1908	2312	174
内蒙古	Inner Mongolia	7888	1391	1493	139
辽 宁	Liaoning	12158	1938	1782	239
吉 林	Jilin	2259	350	476	72
黑龙江	Heilongjiang	6164	1132	1349	171
上 海	Shanghai	19354	1853	9068	1387
江 苏	Jiangsu	28790	4045	9256	1697
浙 江	Zhejiang	27359	4850	7227	1207
安 徽	Anhui	7424	1331	2466	315
福 建	Fujian	7004	799	3022	302
江 西	Jiangxi	12037	4513	1727	205
山 东	Shandong	22935	3630	4639	704
河 南	Henan	9332	1801	2683	461
湖 北	Hubei	14171	2445	4338	533
湖 南	Hunan	12919	1793	2703	705
广 东	Guangdong	34031	5346	12699	1874
广 西	Guangxi	2753	367	158	23
海 南	Hainan	1302	186	655	15
重 庆	Chongqing	12295	1749	2334	308
四 川	Sichuan	13398	2108	4345	484
贵 州	Guizhou	1546	173	265	31
云 南	Yunnan	4651	516	869	177
西 藏	Tibet	1290	197	135	25
陕 西	Shaanxi	20688	2889	9815	1108
甘 肃	Gansu	3927	637	401	91
青 海	Qinghai	2056	181	240	47
宁 夏	Ningxia	524	121	78	9
新 疆	Xinjiang	4199	452	786	68
新疆兵团	Xinjiang Corps	741	117	87	36

4-8 各地区国家备案众创空间收入情况

Income Statistics of National Mass Maker Space by Region

单位：千元 (1000 yuan)

地区	Region	众创空间总收入 Total Income	服务收入 Service Income	房租及物业收入 Rent and Logistics Income	投资收入 Investment Income	财政补贴 Fiscal Subsidy
合计	**Total**	**7234798**	**2873120**	**2364955**	**241300**	**1106417**
东部地区	Eastern Region	4886047	1780869	1861833	144248	667710
中部地区	Middle Region	823137	347245	181700	31017	193588
西部地区	Western Region	1303952	663991	264838	61697	190169
东北地区	Northeast Region	221662	81015	56584	4338	54951
北京	Beijing	1882343	601014	1055851	22451	124154
天津	Tianjin	129317	51079	22962	11150	34428
河北	Hebei	115534	20332	31345	2250	49548
山西	Shanxi	94249	27418	15859	4772	31419
内蒙古	Inner Mongolia	72816	29496	13793	1169	24466
辽宁	Liaoning	132710	34296	43962	1375	32698
吉林	Jilin	51323	30208	8065	2848	6589
黑龙江	Heilongjiang	37628	16510	4556	115	15663
上海	Shanghai	332530	98054	161203	3766	64385
江苏	Jiangsu	503555	215610	111019	26858	90692
浙江	Zhejiang	378207	123286	118671	10816	100838
安徽	Anhui	65372	32579	17376	2651	9852
福建	Fujian	158700	52550	73484	7437	18825
江西	Jiangxi	279506	155524	77603	12180	19145
山东	Shandong	636566	280039	55411	36433	80647
河南	Henan	85255	24722	20336	2274	26204
湖北	Hubei	179924	72892	31003	3135	56264
湖南	Hunan	118831	34111	19524	6005	50703
广东	Guangdong	740970	336578	229234	23088	101100
广西	Guangxi	22571	7971	4213	1792	5574
海南	Hainan	8324	2327	2653		3094
重庆	Chongqing	192625	83933	49683	3090	41976
四川	Sichuan	475532	356989	39178	9972	21726
贵州	Guizhou	49724	8156	22387	1450	9092
云南	Yunnan	43002	16928	11415	4960	7596
西藏	Tibet	11193	971	67	1935	3900
陕西	Shaanxi	312415	103533	92153	28581	63302
甘肃	Gansu	66922	31613	17492	8467	3472
青海	Qinghai	9386	3209	2567		1511
宁夏	Ningxia	10546	5765	2624	232	1923
新疆	Xinjiang	28676	10806	6557	50	4779
新疆兵团	Xinjiang Corps	8543	4622	2710		851

4-9 计划单列市众创空间基本运营情况
General Statistics of Mass Maker Spaces of the Cities Listed Independently in the State Plan

地区	Region	统计众创空间数（个）Number of Mass Maker Spaces with Data (unit)	众创空间总收入（千元）Total Income of Mass Maker Spaces (1000 yuan)	提供工位数（个）Number of Cubicles Offered (unit)	众创空间服务人员数量（人）Number of Service Personnel (person)	创业导师人数（人）Number of Innovation Mentors (person)	享受财政资金支持额（千元）Received Fiscial Fund Support (1000 yuan)
合计	**Total**	**652**	**2170770**	**137663**	**6160**	**10622**	**172701**
大连	Dalian	59	58121	6827	451	1113	9391
宁波	Ningbo	61	206118	17898	836	1624	52410
厦门	Xiamen	118	318499	26424	833	2047	23386
青岛	Qingdao	98	122915	12111	853	1490	11604
深圳	Shenzhen	316	1465116	74403	3187	4348	75909

4-10 计划单列市众创空间服务情况
Service Statistics of Mass Maker Spaces of the Cities Listed Independently in the State Plan

地区	Region	当年服务的创业团队数量（个）Number of Serviced Entrepreneurial Groups (unit)	当年服务的初创企业的数量（个）Number of Serviced Startup Companies (unit)	举办创新创业活动（场次）Number of Activities for Business Creation and Innovation (item)	开展创业教育培训（场次）Number of Training Programs on Entrepreneurship (item)	当年获得技术支撑服务的团队和企业数量（个）Number of Groups and Startups Received Technical Support (unit)
合计	**Total**	**14917**	**16760**	**9071**	**5647**	**7298**
大连	Dalian	2422	1449	1149	963	1127
宁波	Ningbo	3275	3123	1003	549	1432
厦门	Xiamen	2157	2525	1121	1014	928
青岛	Qingdao	2039	2046	2006	1157	970
深圳	Shenzhen	5024	7617	3792	1964	2841

4-10 续表 continued

地　区	Region	当年获得投融资的创业团队数量（个）Number of Entrepreneurial Groups that Received Investment (unit)	当年获得投融资的初创企业数量（个）Number of Startup Companies that Received Investment (unit)	创业团队当年获得投融资总额（千元）Amount of Investment Received by Entrepreneurial Groups (1000 yuan)	初创企业当年获得投融资总额（千元）Amount of Investment Received by Startup Companies (1000 yuan)
合　计	**Total**	**520**	**595**	**548628**	**3829515**
大　连	Dalian	127	42	3090	25413
宁　波	Ningbo	103	105	82420	377220
厦　门	Xiamen	75	69	99175	276256
青　岛	Qingdao	40	45	155229	49230
深　圳	Shenzhen	175	334	208714	3101396

4-11 计划单列市众创空间创业团队和企业情况

Statistics of Groups and Startups of Mass Maker Spaces of the Cities Listed Independently in the State Plan

地　区	Region	创业团队人员数（人）Number of Employment by Entrepreneurial Groups (person)	应届大学毕业生（人）Number of Recruited College Graduates (person)	常驻创业团队拥有有效知识产权数（个）Valid IPRs Held by Tenants (piece)	发明专利数（个）Invention Patents (piece)	新注册企业数（家）Newly Registered Companies (unit)
合　计	**Total**	**47693**	**6192**	**7344**	**1583**	**5215**
大　连	Dalian	7000	844	218	79	787
宁　波	Ningbo	9679	1064	1380	443	768
厦　门	Xiamen	7446	796	1272	146	973
青　岛	Qingdao	6106	1237	1502	299	825
深　圳	Shenzhen	17462	2251	2972	616	1862

4-11 续表 continued

地 区	Region	初创企业吸纳就业人数（人）Number of Employment by Startups (person)	应届大学毕业生（人）Number of Recruited College Graduates (person)	常驻初创企业拥有有效知识产权数（个）Valid IPRs Held by Startups (piece)	发明专利数（个）Invention Patents (piece)
合 计	**Total**	**76280**	**8905**	**24820**	**3764**
大 连	Dalian	4743	602	1409	154
宁 波	Ningbo	14525	1991	2150	568
厦 门	Xiamen	8698	846	4328	306
青 岛	Qingdao	6316	1214	1411	219
深 圳	Shenzhen	41998	4252	15522	2517

4-12 计划单列市众创空间收入情况
Income Statistics of Mass Maker Space of the Cities Listed Independently in the State Plan

单位：千元 (1000 yuan)

地 区	Region	众创空间总收入 Total Income	服务收入 Service Income	房租及物业收入 Rent and Logistics Income	投资收入 Investment Income	财政补贴 Fiscal Subsidy
合 计	**Total**	**2170770**	**789489**	**876196**	**57658**	**230829**
大 连	Dalian	58121	24260	14447	350	16247
宁 波	Ningbo	206118	32943	100164	4690	57273
厦 门	Xiamen	318499	87507	98705	26519	27330
青 岛	Qingdao	122915	64318	19485	3336	21416
深 圳	Shenzhen	1465116	580461	643394	22763	108563

4-13 计划单列市国家备案众创空间基本运营情况
General Statistics of National Mass Maker Spaces of the Cities Listed Independently in the State Plan

地区	Region	统计众创空间数量（个）Number of Mass Maker Spaces with Data (unit)	众创空间总收入（千元）Total Income of Mass Maker Spaces (1000 yuan)	提供工位数（个）Number of Cubicles Offered (unit)	众创空间服务人员数量（人）Number of Service Personnel (person)	创业导师人数（人）Number of Innovation Mentors (person)	享受财政资金支持额（千元）Received Fiscial Fund Support (1000 yuan)
合计	**Total**	**263**	**862604**	**58416**	**2610**	**5837**	**105422**
大连	Dalian	25	34815	3384	223	625	4091
宁波	Ningbo	29	132199	7748	351	834	44522
厦门	Xiamen	40	121044	12911	301	851	10797
青岛	Qingdao	67	85144	8281	649	1165	8117
深圳	Shenzhen	102	489401	26092	1086	2362	37894

4-14 计划单列市国家备案众创空间服务情况
Service Statistics of National Mass Maker Spaces of the Cities Listed Independently in the State Plan

地区	Region	当年服务的创业团队数（个）Number of Serviced Entrepreneurial Groups (unit)	当年服务的初创企业的数（个）Number of Serviced Startup Companies (unit)	举办创新创业活动（场次）Number of Activities for Business Creation and Innovation (item)	开展创业教育培训（场次）Number of Training Programs on Entrepreneurship (item)	当年获得技术支撑服务的团队和企业数（个）Number of Groups and Startups Received Technical Support (unit)
合计	**Total**	**8234**	**8341**	**4495**	**2717**	**4428**
大连	Dalian	1734	819	601	413	689
宁波	Ningbo	1630	1708	490	274	979
厦门	Xiamen	976	1103	454	388	365
青岛	Qingdao	1554	1572	1485	883	778
深圳	Shenzhen	2340	3139	1465	759	1617

4-14 续表 continued

地 区	Region	当年获得投融资的创业团队数（个）Number of Entrepreneurial Groups that Received Investment (unit)	当年获得投融资的初创企业数（个）Number of Startup Companies that Received Investment (unit)	创业团队当年获得投融资总额（千元）Amount of Investment Received by Entrepreneurial Groups (1000 yuan)	初创企业当年获得投融资总额（千元）Amount of Investment Received by Startup Companies (1000 yuan)
合 计	**Total**	**330**	**305**	**244005**	**1983848**
大 连	Dalian	119	21	1476	1802
宁 波	Ningbo	72	61	31578	316076
厦 门	Xiamen	29	35	18580	56409
青 岛	Qingdao	22	30	52346	45830
深 圳	Shenzhen	88	158	140025	1563732

4-15 计划单列市国家备案众创空间创业团队和企业情况

Statistics of Groups and Startups of National Mass Maker Spaces of the Cities Listed Independently in the State Plan

地 区	Region	创业团队人员数（人）Number of Employment by Entrepreneurial Groups (person)	应届大学毕业生（人）Number of Recruited College Graduates (person)	常驻创业团队拥有有效知识产权数（个）Valid IPRs Held by Tenants (piece)	发明专利数（个）Invention Patents (piece)	新注册企业数（家）Newly Registered Companies (unit)
合 计	**Total**	**26798**	**3659**	**4592**	**980**	**2632**
大 连	Dalian	5554	597	139	41	391
宁 波	Ningbo	5263	499	938	280	499
厦 门	Xiamen	2732	379	745	92	436
青 岛	Qingdao	4654	915	1233	205	552
深 圳	Shenzhen	8595	1269	1537	362	754

地 区	Region	初创企业吸纳就业人数 (人) Number of Employment by Startups (person)	应届大学毕业生 (人) Number of Recruited College Graduates (person)	常驻初创企业拥有有效知识产权数 (个) Valid IPRs Held by Startups (piece)	发明专利数 (个) Invention Patents (piece)
合 计	**Total**	**36420**	**4960**	**12979**	**1900**
大 连	Dalian	2773	296	982	121
宁 波	Ningbo	9665	1488	1513	428
厦 门	Xiamen	3764	344	2090	192
青 岛	Qingdao	4561	823	1038	143
深 圳	Shenzhen	15657	2009	7356	1016

4-16 计划单列市国家备案众创空间收入情况
Income Statistics of National Mass Maker Space of the Cities Listed Independently in the State Plan

单位：千元 (1000 yuan)

地 区	Region	众创空间总收入 Total Income	服务收入 Service Income	房租及物业收入 Rent and Logistics Income	投资收入 Investment Income	财政补贴 Fiscal Subsidy
合 计	**Total**	**862604**	**349882**	**301498**	**15437**	**143673**
大 连	Dalian	34815	14729	5182		12555
宁 波	Ningbo	132199	10360	67860	208	45725
厦 门	Xiamen	121044	38824	59904	3740	17726
青 岛	Qingdao	85144	43617	13586	1671	20766
深 圳	Shenzhen	489401	242352	154965	9819	46900

第五部分

国家大学科技园

The Fifth Part

National University Science Parks

5-1 国家大学科技园主要经济指标

Main Economic Indicators of National University Science Parks

年 份 Year	大学科技园（个） Number of University Science Parks (unit)	场地面积（万平方米） Space Area (10000 sq.m)	在孵企业数（个） Number of Tenants (unit)	当年新孵企业（个） New Tenants of the Year (unit)	在孵企业总收入（亿元） Total Income of Tenants (100 million yuan)	在孵企业人数（万人） Number of Employees of Tenants (10000 person)	累计毕业企业（个） Accumulated Number of Graduated Tenants (unit)
2004	42	478.4	4978	1120	226.2	6.5	1137
2005	49	500.5	6075	1213	271.9	11.0	1320
2006	62	517.0	6720	1348	295.0	13.6	1794
2007	62	528.3	6574	1359	295.1	12.9	1958
2008	68	698.2	6173	1294	247.2	12.5	2979
2009	76	814.3	6541	1396	498.9	13.9	3673
2010	86	814.5	6617	1858	221.6	12.8	4363
2011	85	766.7	6923	1673	170.5	13.1	5137
2012	94	919.4	7369	1787	206.7	13.2	5715
2013	94	775.9	8204	2028	262.1	14.7	6515
2014	115	801.7	9972	2828	361.2	16.3	7192
2015	115	745.9	10118	2837	277.2	14.6	8219
2016	115	737.8	9861	2573	289.5	13.2	9189
2017	115	793.8	10448	2696	340.0	13.7	9866
2018	115	710.1	10157	2737	325.2	12.8	10876
2019	115	599.6	9483	2820	325.7	12.3	12052
2020	115	570.7	9228	2466	332.9	11.0	13067

5-2 各地区国家大学科技园基本情况

General Statistics of National University Science Parks by Region

地　区	Region	入统大学科技园数量（个）Number of University Science Parks (unit)	管理机构从业人员总数（人）Total Number of Administration Employees (person)	孵化基金总　额（千元）Total Value of Incubation Fund (1000 yuan)	年末固定资产净值（千元）Year End Net Value of Fixed Asset (1000 yuan)	场地面积（平方米）Space Area (sq.m)
合　计	**Total**	**115**	**2603**	**2452787**	**4123944**	**5707300**
东部地区	Eastern Region	65	1472	1793223	2838399	3113658
中部地区	Middle Region	12	307	254831	820377	1354068
西部地区	Western Region	24	516	208870	343047	858799
东北地区	Northeast Region	14	308	195864	122121	380775
北　京	Beijing	15	447	153466	309307	871052
天　津	Tianjin	1	6	1000	167	173127
河　北	Hebei	3	67	19000	70533	129804
山　西	Shanxi	1	12		3	20976
内蒙古	Inner Mongolia	1	34	103000	1093	46657
辽　宁	Liaoning	6	126	45860	80386	155768
吉　林	Jilin	3	24	33157	2822	60651
黑龙江	Heilongjiang	5	158	116847	38913	164356
上　海	Shanghai	13	320	622331	332832	424082
江　苏	Jiangsu	15	291	665994	1214100	788202
浙　江	Zhejiang	6	97	265000	165413	247857
安　徽	Anhui	1	56	58500	79828	153512
福　建	Fujian	2	26	5000	2659	33998
江　西	Jiangxi	3	43	34000	81594	305460
山　东	Shandong	5	126	12082	731165	295033
河　南	Henan	2	61	35150	152301	600000
湖　北	Hubei	3	66	110000	485373	161800
湖　南	Hunan	2	69	17181	21279	112320
广　东	Guangdong	3	59	48000	7129	113703
广　西	Guangxi	1	22	6000	8	33308
海　南	Hainan	2	33	1350	5095	36800
重　庆	Chongqing	2	29	8000	220135	45438
四　川	Sichuan	5	146	34749	5562	313741
贵　州	Guizhou	2	28	2121	1506	59491
云　南	Yunnan	2	55	15000	404	76795
西　藏	Tibet					
陕　西	Shaanxi	4	95	22000	83881	97243
甘　肃	Gansu	3	47		6270	53208
青　海	Qinghai	1	23	15000	594	41600
宁　夏	Ningxia	1	14		3828	16547
新　疆	Xinjiang	1	14	3000	19623	14571
新疆兵团	Xinjiang Corps	1	9		144	60200

5-3 各地区国家大学科技园人员情况

Personnel Distribution of National University Science Parks by Region

单位：人 (person)

地区	Region	管理机构从业人员总数 Total Number of Administration Employees	博士 Doctor	硕士 Master	研究生学历 Post-graduate	本科 Under-graduate	大专 Junior College	留学回国人员 Returned Overseas Scholars
合计	**Total**	**2603**	**133**	**737**	**818**	**1426**	**240**	**98**
东部地区	Eastern Region	1472	72	440	479	789	132	70
中部地区	Middle Region	307	6	67	72	197	38	4
西部地区	Western Region	516	24	118	128	299	48	12
东北地区	Northeast Region	308	31	112	139	141	22	12
北京	Beijing	447	27	166	185	190	39	27
天津	Tianjin	6			1	5		
河北	Hebei	67	5	9	7	49	2	2
山西	Shanxi	12	3	4	7	5		
内蒙古	Inner Mongolia	34		3	3	23	8	2
辽宁	Liaoning	126	16	48	63	47	13	5
吉林	Jilin	24	1	11	9	12		
黑龙江	Heilongjiang	158	14	53	67	82	9	7
上海	Shanghai	320	11	70	69	176	53	17
江苏	Jiangsu	291	15	108	121	153	14	14
浙江	Zhejiang	97	3	18	20	66	10	8
安徽	Anhui	56	1	13	14	35	7	
福建	Fujian	26	2	9	11	15		
江西	Jiangxi	43	1	12	13	27	3	
山东	Shandong	126	6	33	35	81	9	2
河南	Henan	61		9	9	43	9	1
湖北	Hubei	66		19	19	37	10	1
湖南	Hunan	69	1	10	10	50	9	2
广东	Guangdong	59	3	24	27	28	3	
广西	Guangxi	22	2	4	4	12		
海南	Hainan	33		3	3	26	2	
重庆	Chongqing	29	1	6	7	16	2	
四川	Sichuan	146	4	41	41	78	17	5
贵州	Guizhou	28	5	9	14	10	4	
云南	Yunnan	55	3	17	20	33	2	1
西藏	Tibet							
陕西	Shaanxi	95	3	23	25	55	6	4
甘肃	Gansu	47	3	9	10	28	4	
青海	Qinghai	23	2	1	3	19	1	
宁夏	Ningxia	14	1	4		9		
新疆	Xinjiang	14		1	1	7	4	
新疆兵团	Xinjiang Corps	9				9		

5-4 各地区国家大学科技园孵化场地情况

Incubation Space of National University Science Parks by Region

单位：平方米 (sq.m)

地　区	Region	总面积 Total Space Area	办公用房 Space Area for Office	孵化用房 Space Area of Incubation	研发用房 Space Area of R&D	生产用房 Space Area of Manufacurting	其他 Others
合　计	**Total**	**5707300**	**226526**	**2855890**	**766531**	**639595**	**1218758**
东部地区	Eastern Region	3113658	154589	1714877	297275	170062	776856
中部地区	Middle Region	1354068	31804	379316	276919	411775	254254
西部地区	Western Region	858799	24361	509432	144376	43210	137419
东北地区	Northeast Region	380775	15772	252265	47961	14548	50229
北　京	Beijing	871052	35779	255283	79810	36080	464100
天　津	Tianjin	173127	16958	91469	43000	16000	5700
河　北	Hebei	129804	8576	94039	11705	9680	5804
山　西	Shanxi	20976	400	14253	2000	2000	2323
内蒙古	Inner Mongolia	46657	610	42748	3299		
辽　宁	Liaoning	155768	10751	90175	18919	10658	25265
吉　林	Jilin	60651	2003	36848	3300	600	17900
黑龙江	Heilongjiang	164356	3018	125242	25742	3290	7064
上　海	Shanghai	424082	33848	242634	33722	12472	101407
江　苏	Jiangsu	788202	36277	595467	61800	51299	43359
浙　江	Zhejiang	247857	8504	146309	7078	29381	56585
安　徽	Anhui	153512	20643	28756	38567	48998	16547
福　建	Fujian	33998	1720	24655	3410		4213
江　西	Jiangxi	305460	1743	100857	35100	112000	55760
山　东	Shandong	295033	8069	197186	23142	15150	51486
河　南	Henan	600000	4090	95099	172287	217519	111005
湖　北	Hubei	161800	3600	97022	21941		39238
湖　南	Hunan	112320	1328	43329	7024	31258	29381
广　东	Guangdong	113703	2292	57854	24662		28895
广　西	Guangxi	33308	478	27402	1724	3090	614
海　南	Hainan	36800	2565	9981	8946		15308
重　庆	Chongqing	45438	2450	33430	5746	1567	2245
四　川	Sichuan	313741	4175	148580	94289	6000	60696
贵　州	Guizhou	59491	1925	42333	6718	6190	2325
云　南	Yunnan	76795	1652	61909	5960	5000	2274
西　藏	Tibet						
陕　西	Shaanxi	97243	7941	56408	3684	11700	17510
甘　肃	Gansu	53208	2165	36086	5844	5541	3572
青　海	Qinghai	41600	873	30115	10612		
宁　夏	Ningxia	16547	833	5092	6500	4122	
新　疆	Xinjiang	14571	896	11407			2268
新疆兵团	Xinjiang Corps	60200	363	13922			45915

5-5 各地区国家大学科技园在孵企业情况

Incubation Statistics of National of University Science Parks by Region

地　区	Region	在孵企业 (个) Number of Tenants (unit)	当年新孵 (个) New Tenants of the Year (unit)	从业人员数 (人) Number of Employees (person)	总收入 (千元) Total Income (1000 yuan)	工业总产值 (千元) Gross Industrial Output Value (1000 yuan)	净利润 (千元) Net Profit (1000 yuan)	上缴税金 (千元) Taxes Submmitted (1000 yuan)
合　计	**Total**	**9228**	**2466**	**109956**	**33289741**	**14405868**	**1778863**	**1503455**
东部地区	Eastern Region	5180	1469	62408	23249360	10367904	1035888	1066555
中部地区	Middle Region	1317	339	20806	5029692	2022084	384210	231157
西部地区	Western Region	1844	448	19484	3686945	1419670	201529	136921
东北地区	Northeast Region	887	210	7258	1323744	596210	157236	68820
北　京	Beijing	1284	240	12164	5829070	3939926	418797	375488
天　津	Tianjin	51	22	681	187153	100201	31857	5532
河　北	Hebei	213	34	3752	575709	120595	42594	16371
山　西	Shanxi	60	10	295	33727	346	-12683	1483
内蒙古	Inner Mongolia	109	29	1844	554249		60823	25260
辽　宁	Liaoning	384	78	2586	558895	417303	71447	29000
吉　林	Jilin	133	32	916	76305	69783	9078	4355
黑龙江	Heilongjiang	370	100	3756	688544	109124	76711	35465
上　海	Shanghai	977	380	8215	4030882	769131	-400081	102928
江　苏	Jiangsu	1341	338	23254	8481899	3895074	755737	445680
浙　江	Zhejiang	479	147	6038	1460975	477437	100915	41539
安　徽	Anhui	153	47	1430	311840	103792	16864	7628
福　建	Fujian	116	38	754	133166	27276	1515	2450
江　西	Jiangxi	245	60	4864	1164593	387618	105794	66942
山　东	Shandong	365	139	2766	1377444	844147	57679	29760
河　南	Henan	364	72	7628	1386702	828085	96898	56013
湖　北	Hubei	286	78	4050	1215726	172299	70045	44549
湖　南	Hunan	209	72	2539	917104	529944	107292	54543
广　东	Guangdong	253	93	4188	1123783	191327	20156	46119
广　西	Guangxi	84	13	722	111302	9789	15972	3528
海　南	Hainan	101	38	596	49279	2790	6719	687
重　庆	Chongqing	194	47	1421	167885	21778	10489	3434
四　川	Sichuan	510	148	6101	1002357	718259	47685	45688
贵　州	Guizhou	185	35	1226	190283	83274	17196	3155
云　南	Yunnan	193	25	2834	821664	241914	3859	33264
西　藏	Tibet							
陕　西	Shaanxi	248	57	3085	513293	223569	23601	14714
甘　肃	Gansu	187	54	1347	140450	58171	13845	3328
青　海	Qinghai	51	8	375	85948	7551	551	1697
宁　夏	Ningxia	13	7	87	67	70	13	3
新　疆	Xinjiang	18		208	56987	15864	2425	2234
新疆兵团	Xinjiang Corps	52	25	234	42460	39431	5070	617

5-6 各地区国家大学科技园毕业企业情况

General Statistics of Graduated Tenants of National University Science Parks by Region

地 区	Region	累计毕业企业（个）Accmulated Number of Graduated Enterprises (unit)	从业人员数（人）Number of Employees (person)	总收入（千元）Total Income (1000 yuan)	工业总产值（千元）Gross Industrial Output Value (1000 yuan)
合 计	**Total**	**13067**	**433715**	**197179490**	**118573725**
东部地区	Eastern Region	8511	260821	138710972	77117036
中部地区	Middle Region	1455	65242	25187132	12718911
西部地区	Western Region	1953	43630	12736315	9549587
东北地区	Northeast Region	1148	64022	20545072	19188190
北 京	Beijing	2679	79993	19114446	5168263
天 津	Tianjin	3	171	144327	137690
河 北	Hebei	409	9784	1770890	1582995
山 西	Shanxi	66	964	81196	46599
内蒙古	Inner Mongolia	25	757	156703	
辽 宁	Liaoning	593	48283	18008848	17367726
吉 林	Jilin	166	6170	519015	438411
黑龙江	Heilongjiang	389	9569	2017209	1382053
上 海	Shanghai	1232	41045	19425035	9335671
江 苏	Jiangsu	2052	53060	29180348	21091659
浙 江	Zhejiang	970	21402	45760262	23281635
安 徽	Anhui	233	8838	6727676	3343800
福 建	Fujian	51	758	461971	325747
江 西	Jiangxi	514	32063	6978155	5945321
山 东	Shandong	435	19401	8313140	6300065
河 南	Henan	224	2260	1354151	1398308
湖 北	Hubei	287	12842	8998548	1182641
湖 南	Hunan	131	8275	1047406	802243
广 东	Guangdong	607	34728	14427271	9891678
广 西	Guangxi	45	1713	1310486	1638108
海 南	Hainan	73	479	113281	1634
重 庆	Chongqing	318	10729	1369879	845774
四 川	Sichuan	475	8366	5452004	3396958
贵 州	Guizhou	44	226	40751	1320
云 南	Yunnan	146	4757	1703299	913086
西 藏	Tibet				
陕 西	Shaanxi	436	9369	1366215	1380682
甘 肃	Gansu	245	4897	1087724	1154072
青 海	Qinghai	18	69	10660	
宁 夏	Ningxia	28	1800	12000	
新 疆	Xinjiang	100	417	16895	
新疆兵团	Xinjiang Corps	73	530	209699	219588

5-7 计划单列市国家大学科技园基本情况
General Statistics of National University Science Parks of the Cities Listed Independently in the State Plan

地 区	Region	入统大学科技园数量（个）Number of University Science Parks (unit)	管理机构从业人员总数（人）Total Number of Administration Employees (person)	孵化基金总 额（千元）Total Value of Incubation Fund (1000 yuan)	年末固定资产净值（千元）Year End Net Value of Fixed Asset (1000 yuan)	场地面积（平方米）Space Area (sq.m)
合 计	**Total**	**8**	**145**	**143082**	**70674**	**315880**
大 连	Dalian	2	32	31000	30	54520
宁 波	Ningbo	1	11	100000	5449	77277
厦 门	Xiamen	1	11		2476	17158
青 岛	Qingdao	3	63	12082	56364	98925
深 圳	Shenzhen	1	28		6355	68000

5-8 计划单列市国家大学科技园人员情况
Personnel Distribution of National University Science Parks of the Cities Listed Independently in the State Plan

单位：人 (person)

地 区	Region	管理机构从业人员总数 Total Number of Administration Employees	博士 Doctor	硕士 Master	研究生学历 Post-graduate	本科 Under-graduate	大专 Junior College	留学回国人员 Returned Overseas Scholars
合 计	**Total**	**145**	**12**	**48**	**56**	**72**	**15**	**3**
大 连	Dalian	32	3	15	18	14		2
宁 波	Ningbo	11				5	6	1
厦 门	Xiamen	11	1	6	7	4		
青 岛	Qingdao	63	5	18	19	36	7	
深 圳	Shenzhen	28	3	9	12	13	2	

5-9 计划单列市国家大学科技园孵化场地情况

Incubation Space of National University Science Parks of the Cities Listed Independently in the State Plan

单位：平方米　　　　(sq.m)

地　区	Region	总面积 Total Space Area	办公用房 Space Area for Office	孵化用房 Space Area of Incubation	研发用房 Space Area of R&D	生产用房 Space Area of Manufacurting	其他 Others
合　计	**Total**	**315880**	**9677**	**173934**	**39234**	**48089**	**44946**
大　连	Dalian	54520	3490	39031	6114	3558	2327
宁　波	Ningbo	77277	1993	45903		29381	
厦　门	Xiamen	17158	1425	10431	2717		2585
青　岛	Qingdao	98925	1469	52098	12269	15150	17940
深　圳	Shenzhen	68000	1300	26471	18134		22094

5-10 计划单列市国家大学科技园在孵企业情况

Incubation Statistics of National of University Science Parks of the Cities Listed Independently in the State Plan

地　区	Region	在孵企业（个） Number of Tenants (unit)	当年新孵（个） New Tenants of the Year (unit)	从业人员数（人） Number of Employees (person)	总收入（千元） Total Income (1000 yuan)	工业总产值（千元） Gross Industrial Output Value (1000 yuan)	净利润（千元） Net Profit (1000 yuan)	上缴税金（千元） Taxes Submmitted (1000 yuan)
合　计	**Total**	**520**	**144**	**5319**	**1196577**	**413482**	**56652**	**37830**
大　连	Dalian	149	25	981	132225	72932	4004	1132
宁　波	Ningbo	50	2	1013	325351	147270	19140	11898
厦　门	Xiamen	52	22	248	35671	21411	1199	1013
青　岛	Qingdao	169	57	1027	214732	169065	24251	3090
深　圳	Shenzhen	100	38	2050	488598	2804	8058	20697

5-11 计划单列市国家大学科技园毕业企业情况

General Statistics of Graduated Tenants of National University Science Parks of the Cities Listed Independently in the State Plan

城　市	City	累计毕业企业（个） Accmulated Number of Graduated Enterprises (unit)	从业人员数（人） Number of Employees (person)	总收入（千元） Total Income (1000 yuan)	工业总产值（千元） Gross Industrial Output Value (1000 yuan)
合　计	**Total**	**943**	**27284**	**10921600**	**9348322**
大　连	Dalian	190	3730	1466455	1470233
宁　波	Ningbo	203	827	481300	
厦　门	Xiamen	46	653	386257	300538
青　岛	Qingdao	190	9954	3955330	3074205
深　圳	Shenzhen	314	12120	4632258	4503345

第六部分

国家火炬软件产业基地

The Sixth Part

National Torch Program Software Industrial Bases

6-1 软件产业基地主要经济指标
Main Economic Indicators of Software Industrial Bases

年 份 Year	软件产业基地 (个) Number of Software Bases (unit)	基地总人数 (万人) Total Number of Employees (10000 person)	营业收入* (亿元) Operating Revenue (100 million yuan)	利税总额 (亿元) Total Value of Profits and Taxes (100 million yuan)	出口创汇 (亿美元) Export (100 million USD)
2003	24	31.3	1143.9	132.9	4.8
2004	29	43.6	1638.0	165.4	13.2
2005	32	65.2	3375.0	351.2	48.6
2006	33	77.9	4541.0	432.0	100.0
2007	34	90.2	5213.4	1230.5	78.4
2008	35	106.4	6897.5	884.4	103.5
2009	35	129.3	7677.1	1123.5	100.5
2010	35	148.3	9204.8	1432.5	108.5
2011	38	190.9	13661.8	1926.1	222.8
2012	39	226.8	16950.9	2407.1	273.8
2013	41	264.2	20171.7	3046.3	295.9
2014	41	296.0	23792.0	3611.8	334.1
2015	43	331.6	29410.3	4227.6	348.0
2016	44	354.2	32906.8	4858.3	372.8
2017	44	383.9	39774.7	5615.0	426.9
2018	44	408.8	46423.5	6330.7	548.6
2019	44	483.6	63774.2	8070.3	558.2
2020	44	522.9	73760.5	11303.6	842.7

注：2014年报表制度进一步完善指标及定义，取消了“总收入”的指标，增加了“营业收入”的指标，此列2014年前所列数据为软件基地总收入汇总数据。

6-2 软件产业基地场地情况
Space Area of Software Industrial Bases

单位：万平方米 (10000 sq.m)

软件产业基地	Software Industrial Base	规划用地面积 Planned Land Area	现有用地面积 Land Area	现有建筑面积 Building Area	现有孵化面积 Incubation Area
合　计	**Total**	**26085**	**15960**	**9142**	**2520**
东部地区	Eastern Region	15386	9003	4826	1631
中部地区	Middle Region	2020	1805	1694	281
西部地区	Western Region	5017	4095	2159	379
东北地区	Northeast Region	3662	1056	462	229
北　京	Beijing	1406	1241	414	16
天　津	Tianjin	314	86	90	28
河　北	Hebei	57	16	32	19
山　西	Shanxi	100	25	63	49
内蒙古	Inner Mongolia	40	3	3	3
辽　宁	Liaoning	3441	910	310	122
吉　林	Jilin	196	121	121	77
黑龙江	Heilongjiang	26	26	31	31
上　海	Shanghai	1448	1098	1259	720
江　苏	Jiangsu	4362	2874	934	347
浙　江	Zhejiang	170	112	192	39
安　徽	Anhui	139	59	86	30
福　建	Fujian	1435	577	571	23
江　西	Jiangxi	75	15	44	23
山　东	Shandong	3115	1679	826	141
河　南	Henan	26	26	51	16
湖　北	Hubei	180	181	450	13
湖　南	Hunan	1500	1500	1000	150
广　东	Guangdong	3079	1321	508	298
广　西	Guangxi	7	7	5	3
海　南	Hainan				
重　庆	Chongqing	119	119	407	25
四　川	Sichuan	2000	1200	600	300
贵　州	Guizhou	77	29	43	26
云　南	Yunnan	40	3	10	5
西　藏	Tibet				
陕　西	Shaanxi	2730	2730	1085	11
甘　肃	Gansu	4	4	7	7
青　海	Qinghai				
宁　夏	Ningxia				
新　疆	Xinjiang				
新疆兵团	Xinjiang Corps				

6-3 软件产业基地从业人员情况
Personnel Statistics of Software Industrial Bases

单位：人 (person)

软件产业基地	Software Industrial Base	年末基地总人数 Year End Total Number of Employees of the Base	博士学历 Doctor Degree	硕士学历 Master Degree	本科学历 Bachlor Degree
合　计	**Total**	**5228758**	**53809**	**639642**	**3253887**
东部地区	Eastern Region	3712624	34249	460504	2235916
中部地区	Middle Region	676084	10812	93743	490261
西部地区	Western Region	622354	7840	66865	379637
东北地区	Northeast Region	217696	908	18530	148073
北　京	Beijing	1117230	12725	172739	666696
天　津	Tianjin	51757	281	4823	42178
河　北	Hebei	13050	232	790	7710
山　西	Shanxi	15632	64	768	9320
内蒙古	Inner Mongolia	2625	47	201	1822
辽　宁	Liaoning	142894	421	14096	98057
吉　林	Jilin	44817	266	2824	32836
黑龙江	Heilongjiang	29985	221	1610	17180
上　海	Shanghai	336877	4274	43520	271084
江　苏	Jiangsu	484054	7001	40479	348607
浙　江	Zhejiang	428548	2918	54265	214622
安　徽	Anhui	59830	618	8819	34216
福　建	Fujian	170187	748	10394	126041
江　西	Jiangxi	31657	321	2053	18883
山　东	Shandong	344272	2228	22651	239236
河　南	Henan	14283	55	424	9361
湖　北	Hubei	268704	4742	51468	209494
湖　南	Hunan	285978	5012	30211	208987
广　东	Guangdong	766649	3842	110843	319742
广　西	Guangxi	10039	112	716	7387
海　南	Hainan				
重　庆	Chongqing	136657	2167	10972	61346
四　川	Sichuan	196467	2478	23085	129159
贵　州	Guizhou	32158	182	715	15922
云　南	Yunnan	3600	17	177	1930
西　藏	Tibet				
陕　西	Shaanxi	233000	2800	30700	156900
甘　肃	Gansu	7808	37	299	5171
青　海	Qinghai				
宁　夏	Ningxia				
新　疆	Xinjiang				
新疆兵团	Xinjiang Corps				

6-4 软件产业基地软件人员分布情况

Personnel Distribution of Software Industrial Bases

单位：人 (person)

软件产业基地	Software Industrial Base	年末软件从业人数 Number of Employees in Software Companies	有5年以上(含)软件从业经验的人员 The Staff with More than 5 Years Software Experience	有2～5年(含2年)软件从业经验的人员 The Staff with 2-5 Years Software Experience	软件研发人员 R&D Personnel	测试人员 Testing Personnnel
合　　计	**Total**	**4423071**	**1243412**	**2105415**	**2677805**	**398479**
东部地区	Eastern Region	3207111	860466	1449241	1972087	236004
中部地区	Middle Region	523046	175233	260229	289205	47287
西部地区	Western Region	514757	159171	284564	312631	89802
东北地区	Northeast Region	178157	48542	111381	103882	25386
北　　京	Beijing	1111730	250240	538892	855181	15325
天　　津	Tianjin	51757	15203	32075	25878	1250
河　　北	Hebei	9710	4180	4510	5120	1570
山　　西	Shanxi	5856	2023	1886	3585	735
内 蒙 古	Inner Mongolia	2625	1021	523	822	21
辽　　宁	Liaoning	123532	32538	84094	72819	19760
吉　　林	Jilin	28892	7255	15678	15067	1651
黑 龙 江	Heilongjiang	25733	8749	11609	15996	3975
上　　海	Shanghai	235814	79856	82487	106082	35693
江　　苏	Jiangsu	414266	131569	233132	156554	56289
浙　　江	Zhejiang	424025	111811	218751	301945	40667
安　　徽	Anhui	47351	6841	18462	13415	6841
福　　建	Fujian	133808	49758	66038	74591	23633
江　　西	Jiangxi	17665	4704	5356	8231	2112
山　　东	Shandong	235931	81931	117411	143777	23630
河　　南	Henan	7342	1078	5482	5925	489
湖　　北	Hubei	266267	75120	139500	178505	26098
湖　　南	Hunan	178565	85467	89543	79544	11012
广　　东	Guangdong	590070	135918	155945	302959	37947
广　　西	Guangxi	8806	2352	6362	7601	1680
海　　南	Hainan					
重　　庆	Chongqing	77894	23368	38947	39726	19863
四　　川	Sichuan	185001	50961	106754	125181	15947
贵　　州	Guizhou	24896	5722	17325	13322	2256
云　　南	Yunnan	1698	632	460	1022	246
西　　藏	Tibet					
陕　　西	Shaanxi	210100	74100	113200	122100	49300
甘　　肃	Gansu	3737	1015	993	2857	489
青　　海	Qinghai					
宁　　夏	Ningxia					
新　　疆	Xinjiang					
新疆兵团	Xinjiang Corps					

6-5 软件产业基地收入情况

Income of Software Industrial Bases

单位：家、千元 (unit, 1000 yuan)

软件产业基地 Software Industrial Base	企业数 Number of Enterprises	营业收入 Operating Revenue	软件收入 Software Income	软件产品收入 Software Sales Income	新产品销售收入 New Product Sales Income
合　计 Total	**114414**	**7376048185**	**5484413686**	**2697840242**	**501231225**
东部地区 Eastern Region	56964	5975449318	4434328217	2301867473	355024662
中部地区 Middle Region	42678	466740501	331314265	149586017	66560048
西部地区 Western Region	12173	798482465	618039568	214698094	69518652
东北地区 Northeast Region	2599	135375900	100731636	31688658	10127864
北　京 Beijing	7843	1826053808	1676700927	1562497797	10463010
天　津 Tianjin	1194	126359219	118120598	34192805	15749413
河　北 Hebei	360	16305000	11904000	4476700	908500
山　西 Shanxi	403	7789645	4097089	1524716	506337
内蒙古 Inner Mongolia	197	869959	555904	75686	
辽　宁 Liaoning	1068	102305328	79552462	24812881	7553625
吉　林 Jilin	772	15170992	8882913	3440800	1032856
黑龙江 Heilongjiang	759	17899580	12296261	3434977	1541383
上　海 Shanghai	18681	534321409	443486769	119929471	63998697
江　苏 Jiangsu	5499	495524607	393909399	86265273	39900603
浙　江 Zhejiang	4331	476335038	459587332	142660146	54474755
安　徽 Anhui	1823	23563808	15505341	10224162	3642167
福　建 Fujian	7913	267008861	203615966	92736394	47549177
江　西 Jiangxi	873	27355999	21137240	7858354	1468952
山　东 Shandong	6376	675226632	297526087	156792012	81787387
河　南 Henan	422	9075500	4321400	1557000	448000
湖　北 Hubei	3690	278955549	186253195	115421785	55494592
湖　南 Hunan	35467	120000000	100000000	13000000	5000000
广　东 Guangdong	4767	1558314745	829477138	102316876	40193120
广　西 Guangxi	746	7317557	6743207	3042052	888950
海　南 Hainan					
重　庆 Chongqing	4082	62514225	49196000	12299000	1734416
四　川 Sichuan	2392	323176611	244587203	120128732	38601016
贵　州 Guizhou	1436	22354167	12721512	5181152	365452
云　南 Yunnan	103	4826528	3020050	319568	36886
西　藏 Tibet					
陕　西 Shaanxi	3100	371069000	296252000	71861000	27515000
甘　肃 Gansu	117	6354418	4963692	1790903	376931
青　海 Qinghai					
宁　夏 Ningxia					
新　疆 Xinjiang					
新疆兵团 Xinjiang Corps					

6-5 续表 continued

单位：家、千元 (unit, 1000 yuan)

软件产业基地 Software Industrial Base		系统集成收入 System Integration Income	嵌入式系统软件收入 Embeded Software Income	软件技术与信息服务收入 Software Technology and Information Service Income	自主版权软件收入 Own Copyright Software Income
合　计	**Total**	**534661308**	**595825990**	**1656086145**	**2184460204**
东部地区	Eastern Region	390637906	484214029	1257608808	1692908081
中部地区	Middle Region	37174733	70242510	74311006	197771247
西部地区	Western Region	96242394	31445558	275653522	268972983
东北地区	Northeast Region	10606275	9923894	48512809	24807893
北　京	Beijing	23561230	4531970	86109930	106524000
天　津	Tianjin	828916	310844	82788033	42481969
河　北	Hebei	728900	4001900	2696500	5926500
山　西	Shanxi	1016031	425942	1130401	406289
内蒙古	Inner Mongolia			480217	
辽　宁	Liaoning	7082016	6277659	41379906	11460206
吉　林	Jilin	1763250	1427066	2251797	5176110
黑龙江	Heilongjiang	1761009	2219169	4881106	8171577
上　海	Shanghai	77749899	83848017	161959382	310965212
江　苏	Jiangsu	34053357	133397023	140193746	287926593
浙　江	Zhejiang	66881079	42114854	207931254	435413416
安　徽	Anhui	3052841	902944	1325394	494931
福　建	Fujian	36187027	19507615	55184930	150895414
江　西	Jiangxi	5139852	2029338	6109696	9696325
山　东	Shandong	24697270	46829419	69207386	204088514
河　南	Henan	776000	1056200	932200	3525000
湖　北	Hubei	21190009	26828086	22813315	135648702
湖　南	Hunan	6000000	39000000	42000000	48000000
广　东	Guangdong	125950228	149672387	451537647	148686464
广　西	Guangxi	1016736	1054109	1630311	506791
海　南	Hainan				
重　庆	Chongqing	5706736	1672664	29517600	17365469
四　川	Sichuan	7373944	2790925	114293602	122882454
贵　州	Guizhou	2456859	1211865	3871636	826451
云　南	Yunnan	1886782	98446	715254	52625
西　藏	Tibet				
陕　西	Shaanxi	76305000	24534000	123552000	126317000
甘　肃	Gansu	1496338	83548	1592903	1022193
青　海	Qinghai				
宁　夏	Ningxia				
新　疆	Xinjiang				
新疆兵团	Xinjiang Corps				

6-6 软件产业基地出口和利税情况

Export Profit and Taxes of Software Industrial Bases

单位：千元 (1000 yuan)

软件产业基地	Software Industrial Base	出口总额 Export	软件出口额 Software Export	净利润 Net Profit	实际上缴税额 Taxes Submitted	减免税总额 Taxes Relief	劳动者报酬 Salary
合　计	**Total**	**581275435**	**274375494**	**813346703**	**317011662**	**111087381**	**906156597**
东部地区	Eastern Region	399737420	219451902	681692025	257459301	91341951	747631994
中部地区	Middle Region	14426005	11174170	32603043	20206410	8140065	31882553
西部地区	Western Region	146375336	29630805	91679651	33916655	10031308	101794016
东北地区	Northeast Region	20736673	14118618	7371984	5429296	1574058	24848033
北　京	Beijing	13500000	750000	284439519	74633028	41984623	313626671
天　津	Tianjin	1862084	1203790	11404337	5776258	1184488	6741673
河　北	Hebei	60000	45000	1621000	599600	287010	1481000
山　西	Shanxi	21307	9892	656372	402764	234767	1088973
内蒙古	Inner Mongolia	5973	5973	37726	34083	18690	85342
辽　宁	Liaoning	17265395	13375691	5384104	4070821	1304375	22733754
吉　林	Jilin	284803	227960	1136564	802380	255338	817460
黑龙江	Heilongjiang	3186475	514967	851316	556095	14345	1296819
上　海	Shanghai	20103353	14226914	33484060	14635315	1665420	51419059
江　苏	Jiangsu	96594305	22441125	43306537	28903233	3865861	64152525
浙　江	Zhejiang	38228446	37359125	60808576	30635850	14227385	76297213
安　徽	Anhui	154718	21417	2812045	1530885	325263	1328785
福　建	Fujian	26822163	13556286	26999941	6934887	2360373	20588548
江　西	Jiangxi	949473	852121	2029666	1430561	198530	1936368
山　东	Shandong	76306019	14732347	40540566	31152764	3934231	40456082
河　南	Henan	25500	14500	1064000	421000	221800	1097000
湖　北	Hubei	9975007	7876240	20240960	11421200	6159705	17631427
湖　南	Hunan	3300000	2400000	5800000	5000000	1000000	8800000
广　东	Guangdong	126261050	115137315	179087489	64188366	21832560	172869222
广　西	Guangxi	303587	80005	357505	260814	151855	1038812
海　南	Hainan						
重　庆	Chongqing	9247941	735158	7814278	3438550	343828	20498550
四　川	Sichuan	124038625	16050844	51413857	11554321	7143359	39559592
贵　州	Guizhou	50362	31050	1125454	1226453	102545	7956546
云　南	Yunnan	1076	3	178330	67170	3970	313100
西　藏	Tibet						
陕　西	Shaanxi	12723550	12723550	30291000	17152000	2205000	31865000
甘　肃	Gansu	4222	4222	461501	183263	62060	477074
青　海	Qinghai						
宁　夏	Ningxia						
新　疆	Xinjiang						
新疆兵团	Xinjiang Corps						

6-7 软件产业基地科技活动经费筹集情况

Science and Technology Activity Funding of Software Industrial Bases

单位：千元 (1000 yuan)

软件产业基地	Software Industrial Base	科技活动经费筹集总额 Science and Technology Activity Funding	企业资金 Enterprise Funds	金融机构贷款 Loans from Financial Institutions	政府部门资金 Government Funds	地方政府资金 Local Government Funds
合　计	**Total**	**822109244**	**465541604**	**48033294**	**37719333**	**25823488**
东部地区	Eastern Region	721041486	407387953	34247258	20998451	15108193
中部地区	Middle Region	36450851	20311696	6539122	4420287	3477406
西部地区	Western Region	55541567	30223101	6999904	11604998	6890348
东北地区	Northeast Region	9075340	7618854	247009	695596	347540
北　京	Beijing	243191174	23000000	13000000	1300000	500000
天　津	Tianjin	12967680	9555132	2275032	1137516	1137516
河　北	Hebei	1991500	1407300	350500	83000	36100
山　西	Shanxi	771979	685136	21237	21315	14541
内蒙古	Inner Mongolia	108489	54280	43392	10817	10817
辽　宁	Liaoning	6989347	6079788	126437	392380	191771
吉　林	Jilin	1015360	611880	63580	216761	101851
黑龙江	Heilongjiang	1070633	927186	56992	86455	53918
上　海	Shanghai	29736922	13519269	1599690	6840870	6040000
江　苏	Jiangsu	51786437	37386198	7189351	5058259	3757184
浙　江	Zhejiang	54366325	46696291	1527273	1941941	548053
安　徽	Anhui	2746289	2013732	264825	247549	110457
福　建	Fujian	20228144	16139045	1447096	361801	229809
江　西	Jiangxi	2168521	1599776	65435	50784	41329
山　东	Shandong	81601127	41289114	5136403	2489198	1958933
河　南	Henan	684000	554400	96000	33600	33600
湖　北	Hubei	15080062	8658652	1591625	2767039	2077479
湖　南	Hunan	15000000	6800000	4500000	1300000	1200000
广　东	Guangdong	225172177	218395604	1721913	1785866	900598
广　西	Guangxi	903200	685000	68200	150000	105000
海　南	Hainan					
重　庆	Chongqing	9326330	978756	1093983	5618279	2884384
四　川	Sichuan	11327828	4609168	4019281	1903098	1082705
贵　州	Guizhou	1996542	589546	155029	524542	481515
云　南	Yunnan	102620	100506	340	1720	1400
西　藏	Tibet					
陕　西	Shaanxi	31397000	22851000	1613600	3385480	2315740
甘　肃	Gansu	379558	354844	6080	11062	8787
青　海	Qinghai					
宁　夏	Ningxia					
新　疆	Xinjiang					
新疆兵团	Xinjiang Corps					

6-8 软件产业基地研发支出情况

Expenditure on R&D of Software Industrial Bases

单位：千元 (1000 yuan)

软件产业基地	Software Industrial Base	科技活动经费支出总额 Expenditure on Science and Technology Activity	研究与试验发展经费支出 Expenditure on R&D	软件研发经费支出 Expenditure on Software R&D	新产品开发经费支出 Expenditure on New Product R&D
合　计	**Total**	**813867830**	**365605482**	**297673051**	**197124222**
东部地区	Eastern Region	692754011	277573796	237514717	154505213
中部地区	Middle Region	35370680	29658060	24149851	16541090
西部地区	Western Region	77568874	52126213	31327611	23380437
东北地区	Northeast Region	8174265	6247412	4680872	2697483
北　京	Beijing	243161174	38100000	38100000	18000000
天　津	Tianjin	12967680	12967680	12967680	12967680
河　北	Hebei	1870500	1710000	1437900	1298000
山　西	Shanxi	977394	574476	418105	230953
内蒙古	Inner Mongolia	78320	78320	78320	
辽　宁	Liaoning	6296467	4690623	3367564	1891579
吉　林	Jilin	768036	646163	557671	467364
黑龙江	Heilongjiang	1109762	910626	755637	338540
上　海	Shanghai	42036064	41844532	38915415	38137106
江　苏	Jiangsu	36588594	32850841	21872648	14917854
浙　江	Zhejiang	37705216	25706214	23351219	4609151
安　徽	Anhui	2473691	1965523	1691682	753289
福　建	Fujian	16857981	16045244	8309233	5505040
江　西	Jiangxi	2029995	1766995	1513509	695209
山　东	Shandong	75561140	34621772	29469127	20128769
河　南	Henan	684000	664000	278500	104000
湖　北	Hubei	15705600	13487066	11248055	7257639
湖　南	Hunan	13500000	11200000	9000000	7500000
广　东	Guangdong	226005662	73727513	63091495	38941612
广　西	Guangxi	880000	646587	531661	466689
海　南	Hainan				
重　庆	Chongqing	8374213	5059674	3788927	1939639
四　川	Sichuan	31977491	16403472	12057932	10159048
贵　州	Guizhou	565545	359545	226542	167648
云　南	Yunnan	160423	141103	60063	44696
西　藏	Tibet				
陕　西	Shaanxi	35105000	29053000	14258000	10517000
甘　肃	Gansu	427882	384511	326166	85717
青　海	Qinghai				
宁　夏	Ningxia				
新　疆	Xinjiang				
新疆兵团	Xinjiang Corps				

第七部分

国家火炬特色产业基地

The Seventh Part

National Torch Specialized Industrial Bases

7-1 火炬特色产业基地主要情况

General Statistics of Torch Specialized Industrial Bases

年 份 Year	统计基地数* (个) Number of Torch Industrial Bases with Data (unit)	基地内企业数 (个) Number of Tenant Enterprises (unit)	工业总产值 (亿元) Gross Industrial Output Value (100 million yuan)	总收入 (亿元) Total Income (100 million yuan)	上缴税额 (亿元) Taxes Submitted (100 million yuan)	净利润 (亿元) Net Profit (100 million yuan)	出口创汇 (亿美元) Export (100 million USD)
2003	47	4272	3603.9	3461.5	185.1	239.2	61.2
2004	79	12050	7331.2	7181.0	362.5	465.9	154.2
2005	128	17691	11765.4	11566.2	643.4	711.6	264.3
2006	133	26563	15095.6	15003.9	806.6	938.6	347.2
2007	169	39233	21925.1	22893.4	1053.7	1348.9	578.5
2008	209	49139	29153.0	28716.0	1649.5	2006.4	792.8
2009	235	67990	37183.6	36759.2	2558.5	2712.9	836.1
2010	248	82520	47583.2	47878.5	3472.9	3659.4	1116.1
2011	288	85394	60681.6	61061.4	3606.6	4472.9	1364.6
2012	314	93128	69539.1	68648.3	3844.1	4819.8	1463.7
2013	341	102893	81647.3	76521.4	4407.7	5563.6	1560.3
2014	366	118231	88227.1	85646.0	4996.5	5874.9	1744.1
2015	384	126393	92851.4	91233.1	4889.0	6115.6	1809.5
2016	413	150555	102333.4	100003.2	5514.6	6439.4	1719.1
2017	441	163364	106473.3	104652.1	5793.6	6517.1	1752.2
2018	439	177245	109928.4	108756.8	6052.4	6872.5	1875.6
2019	437	188922	111013.5	112704.0	5962.3	6684.5	1734.7
2020	471	205254	120329.7	127094.9	6035.0	7522.6	1771.8

注：2020年国家火炬特色产业基地数量474家，其中3家未报数据，该部分所有指标为471家基地的汇总数。

7-2 各地区火炬特色产业基地经济指标

Main Economic Indicators of Torch Specialized Industrial Bases by Region

地 区	Region	入统基地数（个）Number of Torch Industrial Bases with Data (unit)	基地内企业数（个）Number of Enterprises (unit)	工业总产值（千元）Gross Industrial Output Value (1000 yuan)	总收入（千元）Total Income (1000 yuan)	上缴税额（千元）Taxes Submmitted (1000 yuan)	净利润（千元）Net Profit (1000 yuan)	出口总额*（千元）Export (1000 yuan)
合 计	**Total**	**471**	**205254**	**12032966016**	**12709486917**	**603495880**	**752262932**	**1222124009**
东部地区	Eastern Region	326	162589	8719916799	9098634462	445700101	579837171	1113089658
中部地区	Middle Region	76	25000	1853004982	1857370183	74490616	100532879	73085672
西部地区	Western Region	38	12321	1016206366	1255196652	53125800	46617999	21338098
东北地区	Northeast Region	31	5344	443837869	498285620	30179363	25274883	14610581
北 京	Beijing	1	6750	5731020	49050250	1610820	2929720	2230000
天 津	Tianjin	9	6668	110151490	153485630	7053063	6510435	7268748
河 北	Hebei	13	1771	225729742	339804287	13295763	17848006	14478123
山 西	Shanxi	9	914	45968072	44506372	2366831	3420459	2590832
内蒙古	Inner Mongolia	3	183	34965030	78299170	3631170	8182350	1078000
辽 宁	Liaoning	16	3653	265550244	297503196	13373593	10912790	10565640
吉 林	Jilin	5	315	35190000	50282008	4059424	9166673	312362
黑龙江	Heilongjiang	10	1376	143097625	150500416	12746346	5195420	3732579
上 海	Shanghai	10	8460	307733149	419386692	11552555	26833602	59010906
江 苏	Jiangsu	135	29041	4002714949	3915482286	226173303	279680621	435195228
浙 江	Zhejiang	52	21971	1121157083	1288677252	65609494	78497830	215382198
安 徽	Anhui	19	4591	564099461	523455983	20121989	32866826	21446292
福 建	Fujian	11	4736	146653052	136657143	3767607	8963016	34712748
江 西	Jiangxi	8	7827	225647206	227908766	6557556	13205713	10827065
山 东	Shandong	68	19883	1381446720	1402223962	53260932	87175596	97226432
河 南	Henan	16	1991	315277395	331406632	10717980	23860607	14265628
湖 北	Hubei	14	6777	370221823	391083892	14523376	15729275	12867864
湖 南	Hunan	10	2900	331791025	339008538	20202884	11449999	11087991
广 东	Guangdong	27	63309	1418599594	1393866960	63376564	71398345	247585275
广 西	Guangxi	1	20	25531947	42171310	749320	1000000	103160
海 南	Hainan							
重 庆	Chongqing	5	2588	501710752	544612093	11612459	19247218	8014798
四 川	Sichuan	3	4755	59044497	134534178	4890192	4295428	4155370
贵 州	Guizhou	7	550	50797032	48169465	2223475	2079175	684787
云 南	Yunnan	5	227	45366570	67170211	2215195	4614486	1501731
西 藏	Tibet							
陕 西	Shaanxi	7	3505	192329931	190957076	10379907	4912876	4843800
甘 肃	Gansu	2	48	27905235	67979778	1477167	278309	247257
青 海	Qinghai							
宁 夏	Ningxia	2	76	10203675	11596112	418177	633697	671945
新 疆	Xinjiang	2	329	67349554	68642018	15419475	1283202	37250
新疆兵团	Xinjiang Corps	1	40	1002143	1065241	109263	91258	

注：2016年报表制度进行了调整，出口的单位由千美元改为千元，后同。

7-3 各地区火炬特色产业基地人员分布情况
Personnel Distribution of Torch Specialized Industrial Bases by Region

单位：人 (person)

地区	Region	企业从业人员总数 Total Number of Employees	大专以上 College and Higher Level	博士 Doctor	硕士 Master
合　计	**Total**	**12222703**	**4151256**	**35829**	**223651**
东部地区	Eastern Region	9460377	3132060	29636	182246
中部地区	Middle Region	1703637	588796	3060	24387
西部地区	Western Region	703867	268368	2312	10726
东北地区	Northeast Region	354822	162032	821	6292
北　京	Beijing	52132	30521	126	2011
天　津	Tianjin	138663	59245	1102	5565
河　北	Hebei	294770	136706	704	5520
山　西	Shanxi	68638	24791	104	1379
内蒙古	Inner Mongolia	41785	32523	43	294
辽　宁	Liaoning	170192	71723	436	2985
吉　林	Jilin	51723	25185	69	469
黑龙江	Heilongjiang	132907	65124	316	2838
上　海	Shanghai	211085	108461	2672	14853
江　苏	Jiangsu	3178534	1225857	16079	91691
浙　江	Zhejiang	1293196	439676	2375	14278
安　徽	Anhui	492884	190562	1081	9655
福　建	Fujian	297832	76579	177	1582
江　西	Jiangxi	205054	31658	338	1114
山　东	Shandong	1564928	670412	4660	33061
河　南	Henan	354708	116943	326	1646
湖　北	Hubei	321084	122524	578	4868
湖　南	Hunan	261269	102318	633	5725
广　东	Guangdong	2429237	384603	1741	13685
广　西	Guangxi	10344	5600	45	494
海　南	Hainan				
重　庆	Chongqing	205461	56698	562	1106
四　川	Sichuan	68048	25941	198	1299
贵　州	Guizhou	86667	26518	118	1741
云　南	Yunnan	28232	13078	156	1194
西　藏	Tibet				
陕　西	Shaanxi	175294	86234	1107	4185
甘　肃	Gansu	22567	7186	6	119
青　海	Qinghai				
宁　夏	Ningxia	11410	5146	36	182
新　疆	Xinjiang	47671	8876	31	97
新疆兵团	Xinjiang Corps	6388	568	10	15

7-4 计划单列市火炬特色产业基地经济指标

Main Economic Indicators of Torch Specialized Industrial Bases of the Cities Listed Independently in the State Plan

地 区	Region	入统基地数（个）Number of Torch Industrial Bases with Data (unit)	基地内企业数（个）Number of Enterprises (unit)	工业总产值（千元）Gross Industrial Output Value (1000 yuan)	总收入（千元）Total Income (1000 yuan)	上缴税额（千元）Taxes Submmitted (1000 yuan)	净利润（千元）Net Profit (1000 yuan)	出口总额（千元）Export (1000 yuan)
合 计	**Total**	**18**	**2505**	**306708110**	**352428285**	**17400717**	**22776318**	**48164613**
大 连	Dalian	4	428	73107883	72645891	3725620	4472193	4530343
宁 波	Ningbo	6	987	166986414	213748456	10747516	10173305	32723296
厦 门	Xiamen	4	37	33535965	33656836	1526791	5001044	7159814
青 岛	Qingdao	4	1053	33077848	32377102	1400790	3129776	3751160
深 圳	Shenzhen							

7-5 计划单列市火炬特色产业基地人员分布情况

Personnel Distribution of Torch Specialized Industrial Bases of the Cities Listed Independently in the State Plan

单位：人 (person)

地 区	Region	企业从业人员总数 Total Number of Employees	大专以上 College and Higher Level	博士 Doctor	硕士 Master
合 计	**Total**	**278610**	**89641**	**751**	**7606**
大 连	Dalian	44651	18158	88	1328
宁 波	Ningbo	159372	39571	302	1978
厦 门	Xiamen	45163	14637	105	970
青 岛	Qingdao	29424	17275	256	3330
深 圳	Shenzhen				

第八部分

创新型产业集群

The Eighth Part

Innovative Industrial Clusters

8-1 创新型产业集群主要情况
Main Statistics of Innovative Industrial Clusters

年　份 Year	统计集群数（个）Number of Clusters (unit)	集群内企业数（个）Number of Tenant Enterprises (unit)	营业收入（亿元）Operating Revenue (100 million yuan)	工业总产值（亿元）Gross Industrial Output Value (100 million yuan)	净利润（亿元）Net Profit (100 million yuan)	上缴税费（亿元）Taxes Submitted (100 million yuan)	出口创汇（亿美元）Export (100 million USD)	年末从业人员（万人）Year End Number of Employees (10000 person)
2014	71	12757	34546.8	31517.5	2902.1	1785.3	1432.8	296.0
2015	71	13322	37382.2	32457.6	2726.3	2245.8	1188.5	289.7
2016	70	13929	40429.9	33835.1	2924.3	2417.1	992.7	336.9
2017	109	20388	52233.7	43442.6	4082.2	3017.6	1210.4	392.7
2018	109	22177	55413.4	45697.7	4568.4	3262.3	1378.9	415.2
2019	109	23638	57396.7	45066.9	4192.6	3074.2	1124.0	419.2
2020	108	25953	62618.3	47032.3	5711.8	2995.0	1249.8	430.8

8-2 创新型产业集群主要经济指标

创新型产业集群	Innovative Industrial Clusters	入统集群数（个）Number of Clusters (unit)	企业总数（个）Number of Enterprises (unit)	高新技术企业数（个）Number of Hi-tech Enterprises (unit)
合　计	**Total**	**108**	**25953**	**11881**
东部地区	Eastern Region	58	15670	6648
中部地区	Middle Region	21	3222	1769
西部地区	Western Region	19	3892	2087
东北地区	Northeast Region	10	3169	1377
北　京	Beijing	2	882	547
天　津	Tianjin	4	1329	586
河　北	Hebei	4	1350	605
山　西	Shanxi	2	181	62
内蒙古	Inner Mongolia	1	75	55
辽　宁	Liaoning	5	2733	1161
吉　林	Jilin	2	331	154
黑龙江	Heilongjiang	3	105	62
上　海	Shanghai	5	962	389
江　苏	Jiangsu	12	2819	941
浙　江	Zhejiang	2	883	439
安　徽	Anhui	3	679	415
福　建	Fujian	4	1305	314
江　西	Jiangxi	4	277	135
山　东	Shandong	11	1720	489
河　南	Henan	3	393	121
湖　北	Hubei	6	1311	811
湖　南	Hunan	3	381	225
广　东	Guangdong	14	4420	2338
广　西	Guangxi	2	287	172
海　南	Hainan			
重　庆	Chongqing	2	309	199
四　川	Sichuan	4	1425	1114
贵　州	Guizhou	1	198	70
云　南	Yunnan	1	84	37
西　藏	Tibet			
陕　西	Shaanxi	3	1175	296
甘　肃	Gansu	1	108	65
青　海	Qinghai	3	200	55
宁　夏	Ningxia			
新　疆	Xinjiang	1	31	24

Main Economic Statistics of Innovative Industrial Clusters

营业收入 （千元） Operating Revenue (1000 yuan)	出口总额 （千元） Export (1000 yuan)	净利润 （千元） Net Profit (1000 yuan)	上缴税费 （千元） Taxes Submitted (1000 yuan)	集群人员总数 （人） Total Number of Employees of Clusters (person)
6261829137	**862081747**	**571176049**	**299495663**	**4308204**
4158749926	466001755	411892475	212809319	2596289
727171343	29568046	53025905	27348061	629667
1042776441	331391884	87690571	43773467	679931
333131427	35120063	18567099	15564817	402317
531430000	13627030	64890000	20170000	138934
205216849	7141629	10287057	8112405	93833
233365130	15567826	13992251	11937289	163773
83646306	434984	2174992	939909	33613
75148372	10116340	7319413	5670422	36942
197816219	31522212	11190092	8146126	298299
65688886	1007713	5705058	4493374	44405
69626322	2590138	1671949	2925317	59613
217284964	18970721	10373086	12534859	189520
735726068	127047925	58326828	43455811	462719
252785286	19686230	36386895	12321213	194251
173040957	10666467	18922427	8408102	164205
143317657	11643046	14352315	5608691	205246
81871461	6552383	7043930	2867634	60571
394725756	15709503	45068024	31569141	306908
40560364	2013638	3689074	1642363	61115
133480503	5788801	10352405	3092876	180310
214571751	4111774	10843077	10397177	129853
1444898217	236607846	158216019	67099910	841105
157869307	5150840	3424451	6436088	75346
148832596	84062789	4665978	2304597	82874
270904844	84835141	37491273	15286828	215180
3874147	2855	349042	194562	7523
48546514	282163	10586663	3219651	25032
265235493	144788735	20403661	6538879	180181
16355981	679063	951328	682597	12386
43966683	68474	1407936	3069314	37960
12042505	1405484	1090826	370528	6507

8-3 创新型产业集群主要科技活动成果情况

创新型产业集群	Innovative Industrial Clusters	科技活动人员合计（人）Total number of science and technology activists (person)	企业科技经费支出合计（千元）Total expenditure on science and technology expenses of enterprises (1000 yuan)
合　计	**Total**	**1161926**	**316149995**
东部地区	Eastern Region	772448	225013805
中部地区	Middle Region	175724	30817481
西部地区	Western Region	150221	44336112
东北地区	Northeast Region	63533	15982596
北　京	Beijing	88558	41030000
天　津	Tianjin	24803	6034643
河　北	Hebei	55438	2376185
山　西	Shanxi	5033	2568250
内蒙古	Inner Mongolia	2697	373069
辽　宁	Liaoning	49405	11963300
吉　林	Jilin	8210	2471088
黑龙江	Heilongjiang	5918	1548208
上　海	Shanghai	69228	19728289
江　苏	Jiangsu	94976	19774923
浙　江	Zhejiang	58916	20208695
安　徽	Anhui	44993	8288876
福　建	Fujian	43715	7743248
江　西	Jiangxi	18165	4443541
山　东	Shandong	95810	11465500
河　南	Henan	13082	1298594
湖　北	Hubei	29450	6569749
湖　南	Hunan	65001	7648470
广　东	Guangdong	241004	96652322
广　西	Guangxi	15748	5988250
海　南	Hainan		
重　庆	Chongqing	12350	3368742
四　川	Sichuan	63228	21479126
贵　州	Guizhou	4765	192564
云　南	Yunnan	2361	1203965
西　藏	Tibet		
陕　西	Shaanxi	41865	9906465
甘　肃	Gansu	2349	508762
青　海	Qinghai	3158	559169
宁　夏	Ningxia		
新　疆	Xinjiang	1700	756000

当年授权发明专利 (件) Number of Invention Patents Granted (piece)	拥有有效发明专利 (件) Number of Valid Invention Patents (piece)	拥有注册商标 (件) Trademark in Force (piece)	当年形成国家或行业标准 (项) National or Sector Standards Fromed (item)	认定登记的技术合同成交金额 (千元) Determining the transaction amount of the registered technical contract (1000 yuan)
40425	**240541**	**185197**	**1071**	**187076778**
29951	181963	146927	621	116568670
4328	25007	7882	136	12764754
3198	19879	25122	246	27988842
2948	13692	5266	68	29754512
5236	17502	18507	57	5770110
320	4973	2023	51	3309969
854	16189	7496	63	1284501
67	948	248	6	818979
171	648	178	27	3470
2758	11099	4122	47	24854740
47	861	963	9	4563107
143	1732	181	12	336666
1869	8213	13030	8	19978000
2753	16629	8053	78	2296819
2716	19654	8619	67	44829113
1231	6086	817	30	2300022
631	3513	19412	16	3319719
436	2151	1150	15	482084
1405	6337	4829	35	2091587
263	4896	1801	12	70784
498	3440	3222	49	5288914
1833	7486	644	24	3803972
14167	88953	64958	246	33688852
115	2411	5154	36	205789
331	3071	1318	2	722169
1634	7212	11629	38	14597804
22	58	39		128658
74	871	2939	12	147453
769	4514	2680	124	11892391
37	297	198		234169
12	482	936	7	47190
33	315	51		9750

8-4 创新型产业集群主要服务机构情况
Main Service Organizations of Innovative Industrial Clusters

单位：个 (unit)

创新型产业集群	Innovative Industrial Clusters	国家级科技企业孵化器 Number of State-level Business Incubators	国家级生产力促进中心 Number of State-level Productivity Promotion Center	国家技术转移示范机构 Number of State-level Technology Transfer Center	具有国家级资质产品检验检测机构 Number of State-level Product Inspection and Testing Organziation	研发机构 Number of Research Centers	金融服务机构 Number of Financial services institutions	其他服务机构 Number of Other services institutions	产业联盟组织数 Numbe of Industry Alliance
合计	**Total**	**299**	**42**	**106**	**136**	**6074**	**2287**	**1619**	**379**
东部地区	Eastern Region	170	11	49	74	3415	1254	843	150
中部地区	Middle Region	50	11	13	14	873	301	182	45
西部地区	Western Region	58	13	27	35	1082	447	260	73
东北地区	Northeast Region	21	7	17	13	704	285	334	111
北京	Beijing	13			1	83	9	6	13
天津	Tianjin	12	1	2	3	159	48	47	12
河北	Hebei	15	1	4	2	204	105	90	14
山西	Shanxi	2				82	35	5	13
内蒙古	Inner Mongolia	3	1	1		42	12	11	4
辽宁	Liaoning	12	5	9	3	486	217	284	107
吉林	Jilin	7	1	8	9	160	59	42	1
黑龙江	Heilongjiang	2	1		1	58	9	8	3
上海	Shanghai	4	1		3	87	4	19	14
江苏	Jiangsu	34		7	25	486	258	151	31
浙江	Zhejiang	13	1	8	5	430	316	228	9
安徽	Anhui	10	2	4	5	177	34	26	8
福建	Fujian	4		2	1	116	19	19	6
江西	Jiangxi	8	1	1	3	145	61	44	4
山东	Shandong	22	3	10	12	403	181	116	31
河南	Henan	13	2	3	3	79	21	16	2
湖北	Hubei	7	3	2	3	237	89	64	15
湖南	Hunan	10	3	3		153	61	27	3
广东	Guangdong	53	4	16	22	1447	314	167	20
广西	Guangxi	6	2	2	8	165	15	51	12
海南	Hainan								
重庆	Chongqing	2	2	3	2	227	33	56	6
四川	Sichuan	11	3	9	1	97	94	47	9
贵州	Guizhou	4	1		2	39	30	22	4
云南	Yunnan	2	1	1	1	51	76	4	4
西藏	Tibet								
陕西	Shaanxi	21	3	11	21	371	164	60	28
甘肃	Gansu	4				9			
青海	Qinghai	3				69	21	7	5
宁夏	Ningxia								
新疆	Xinjiang	2				12	2	2	1

第九部分

全国技术市场

The Ninth Part

Technology Market in China

9-1 全国技术合同成交情况
Statistics of Technology Contract Deals in Domestic Technical Markets

年 份 Year	合同数 (项) Number of Contracts (item)	技术合同交易额 (亿元) Value of Technology Contract Deals (100 million yuan)	交易额占国内生产总值 (%) Value of Technology Contract Deals as a Percentage of Gross Domestic Product (%)
2001	229702	782.0	0.71
2002	237093	884.0	0.73
2003	267997	1084.0	0.93
2004	264638	1334.0	0.98
2005	265010	1551.0	0.85
2006	205845	1818.0	0.87
2007	220868	2226.0	0.80
2008	226343	2665.0	0.89
2009	213752	3039.0	0.91
2010	229601	3906.6	0.98
2011	256428	4763.6	1.01
2012	282242	6437.1	1.24
2013	294929	7469.1	1.31
2014	297037	8577.2	1.35
2015	307132	9835.8	1.45
2016	320437	11407.0	1.53
2017	367586	13424.2	1.62
2018	411985	17697.4	1.97
2019	484077	22398.4	2.26
2020	549353	28251.5	2.78

9-2 技术合同类别构成情况
Technology Contract Distribution by Category

合同类别 Category of Contract	合同数 （项） Number of Contracts (item)	合同交易额 （亿元） Value of Contract Deals (100 million yuan)	技术交易额 （亿元） Value of Technical Deals (100 million yuan)
合计 **Total**	**549353**	**28251.5**	**19746.7**
技术开发 **Technology Development**	**217580**	**8874.1**	**7102.2**
委托开发 Commissioned Development	201940	7346.6	5991.6
合作开发 Cooperated Development	15640	1527.5	1110.6
技术转让 **Technology Transfer**	**23243**	**2397.7**	**2164.1**
技术秘密转让 Technical Secrets Transfer	7022	849.8	739.5
专利实施许可转让 Patent License Transfer	4654	815.7	744.0
专利权转让 Patent Right Transfer	8546	457.1	408.2
专利申请权转让 Patent Application Right Transfer	569	16.2	16.1
计算机软件著作权转让 Computer Software Copyright Transfer	1152	76.6	75.9
集成电路布图设计专有权转让 Integrated Circuit Layout Design Exclusive Right Transfer	72	3.4	3.4
植物新品种权转让 New Species of Plants Patent Right Transfer	753	9.7	9.6
生物、医药新品种权转让 New Species of Biology and Medicine Patent Right Transfer	260	75.0	73.7
设计著作权转让 Design Copyright Transfer	100	3.9	3.9
其他 Other	115	90.2	90.0
技术咨询 **Technology Consultation**	**36151**	**1104.6**	**669.4**
技术服务 **Technology Service**	**272379**	**15875.2**	**9811.1**
一般性技术服务 Normal Technology Service	269158	15807.1	9763.6
技术中介 Technology Intermediary	856	6.8	5.0
技术培训 Technology Training	2365	61.4	42.5

9-3 技术合同知识产权构成情况
Technology Contract Distribution by Intellectual Right

知识产权 Intellectural Right	合同数 (项) Number of Contracts (item)	合同交易额 (亿元) Value of Contract Deals (100 million yuan)	技术交易额 (亿元) Value of Technical Deals (100 million yuan)
合 计 Total	**549353**	**28251.5**	**19746.7**
技术秘密 Technology Secrets	**93654**	**5381.3**	**4233.2**
专利 Patent	**30872**	**3790.4**	**2519.3**
发明专利 Invention Patent	20027	2326.2	1621.9
实用新型专利 Utility Mode Patent	10432	1427.4	880.1
外观设计专利 Design Patent	413	36.8	17.3
计算机软件 Computer Software	**51930**	**1481.9**	**1395.2**
植物新品种 New Species of Animals and Plants	**1438**	**24.3**	**18.6**
集成电路布图设计 IC Layout Design	**841**	**134.0**	**75.9**
生物、医药新品种 New Species of Biology and Medicine	**3704**	**283.9**	**252.3**
设计著作权 Design Copyright	**3554**	**158.0**	**136.8**
未涉及知识产权 Others	**363360**	**16997.7**	**11115.3**

9-4 技术合同技术领域构成情况

Technology Contract Distribution by Technical Field

技术领域 Technical Field	合同数 (项) Number of Contracts (item)	合同交易额 (亿元) Value of Contract Deals (100 million yuan)	技术交易额 (亿元) Value of Technical Deals (100 million yuan)
合 计 **Total**	**549353**	**28251.5**	**19746.7**
电子信息技术 IT Technology	191574	6324.0	5737.2
航空航天技术 Aviation and Aerospace Technology	12578	458.4	388.5
先进制造技术 Advanced Manufacture Technology	61165	4194.9	2709.5
生物、医药和医疗器械技术 Biology, Medicine and Medical Machine Technology	45972	1769.0	1552.4
新材料及其应用 Advanced Material and Application	27395	1220.1	707.8
新能源与高效节能 New Energy and Power Saving	60250	2854.4	1659.8
环境保护与资源综合利用技术 Environment Protection and Resource Utilization Technology	33702	1845.8	1322.7
核应用技术 Nuclear Application Technology	523	77.9	46.3
农业技术 Agriculture Technology	30347	747.7	442.9
现代交通 Modern Transportation	16110	3256.0	1964.7
城市建设与社会发展 Urban Construction and Social Development	69737	5503.3	3214.8

9-5 技术合同社会-经济目标构成情况

Technology Contract Distribution by Social and Economic Objectives

经济目标 Economic Objective	合同数 (项) Number of Contracts (item)	合同交易额 (亿元) Value of Contract Deals (100 million yuan)	技术交易额 (亿元) Value of Technical Deals (100 million yuan)
合计 **Total**	**549353**	**28251.5**	**19746.7**
地球和大气层的探索与利用 Earth and Atmosphere Exploration and Utility	877	12.6	9.6
非定向研究 Nondirective Research	22723	1470.8	1134.5
工商业发展 Industry Promotion	59452	4223.9	3268.9
国防 Defense	15251	426.6	378.8
环境保护、生态建设与污染防治 Environmental Protection, Ecological Building and Pollution Prevention	30059	1646.2	1127.1
基础设施以及城市和农村规划 Infrastructure	29374	4509.3	2657.4
教育事业发展 Education Development	12652	192.2	127.9
民用空间探测及开发 Civil Aerospace Exploration	2172	65.1	54.7
能源的生产、分配和合理利用 Energy Production, Distribution and Application	55149	2581.4	1538.6
农林牧渔业发展 Farming,Forestry and Fishery	29899	717.8	414.4
其他民用目标 Other Civil Purpose	89745	4366.2	3174.5
社会发展和社会服务 Social Development and Social Service	171363	6836.4	4783.9
卫生事业发展 Sanitation Development	30637	1202.9	1076.3

9-6 技术合同计划项目构成情况
Technology Contract Distribution by Science Program Project

计划类别 Category of Science Program	合同数（项） Number of Contracts (item)	合同交易额（亿元） Value of Contract Deals (100 million yuan)	技术交易额（亿元） Value of Technical Deals (100 million yuan)
合　计 Total	**549353**	**28251.5**	**19746.7**
国家计划 National Science Program	**9947**	**321.3**	**268.4**
高技术研究发展计划(863计划) Hi-Tech Research and Development Program of China	274	10.2	9.7
国际科技合作计划 International S&T Cooperation Program	35	2.4	1.2
国际热核聚变实验堆(ITER)计划专项 ITER Program	9	1.6	1.6
国家科技支撑计划 Key Technologies R&D Program	59	1.7	1.5
国家科技重大专项 National S&T Major Program	584	80.7	59.4
国家农业科技成果转化资金 Agriculture Science and Technology Achievement Transform Fund	7	0.3	0.3
国家软科学研究计划 National Soft Science Research Program	4	0.0	0.0
国家重点新产品计划 National New Product Program	216	5.8	4.3
火炬计划 Torch Program	295	5.0	4.5
基础研究计划(973计划)和国家重大科学研究计划 National Basic Research Program and National Major Scientific Research Program of China	141	24.1	10.4
科技富民强县专项行动计划 S&T Program for County and Farmer Enrichment			
科技惠民计划 S&T Program for Public Wellbeing	17	1.4	1.3
科技基础条件平台建设 S&T Infrastructure Program	21	0.4	0.3
科技型中小企业技术创新基金 Innovation Fund for Technology-Based Small and Medium Size Enterprises	85	1.1	1.0
科研院所技术开发研究专项资金 Special Technology Development Project for Research Institutions	48	1.2	1.2
其他 Other	4617	160.1	147.2
星火计划 Spark Program	1	0.0	0.0
自然科学基金 Natural Science Fund	3534	25.1	24.5
部门计划 Science Program at Ministerial Level	**7730**	**351.3**	**235.1**
省、自治区、直辖市及计划单列市计划 Provincial Level Science Program	**26335**	**1922.2**	**1022.9**
地市县计划 Region Level Science Program	**29984**	**1888.4**	**894.2**
计划外 Others not Supported by Program	**475357**	**23768.3**	**17326.0**

9-7 卖方机构构成及交易情况

Technology Contract Distribution by Technology Seller

卖方类别 Category of Technology Seller	机构数 (个) Number of Seller (unit)	合同数 (项) Number of Contracts (item)	成交金额 (亿元) Value of Contract Deals (100 million yuan)	技术交易额 (亿元) Value of Technical Deals (100 million yuan)
合 计 **Total**	**65982**	**549353**	**28251.5**	**19746.7**
机关法人 **Governments**	**429**	**2160**	**229.3**	**84.5**
事业法人 **Public Organizations**	**3926**	**157319**	**1899.0**	**1537.8**
科研机构 Research Institutes	1729	53091	1111.8	886.7
高等院校 Higher Education	1045	90823	561.0	501.8
医疗、卫生 Medical and Sanitation	370	6169	44.5	30.1
其他 Other	782	7236	181.7	119.2
社团法人 **Social Organization**	**237**	**1261**	**37.9**	**34.3**
企业法人 **Enterprises**	**60274**	**385402**	**25828.8**	**17878.6**
内资企业 Domestic Funded Enterprises	55644	364242	22555.8	14996.7
港澳台商投资企业 Enterprises with Funds from Hongkong, Macao and Taiwan	762	4196	570.5	470.7
外商投资企业 Foreign Funded Enterprises	1431	10945	1730.4	1616.0
个体经营 Private Enterprises	1198	3326	94.3	70.0
境外企业 Overseas Enterprises	1239	2693	877.8	725.2
自然人 **Natural Person**	**615**	**1476**	**56.8**	**36.6**
其他组织 **Other Organizations**	**501**	**1735**	**199.8**	**174.8**

9-8 买方机构构成及交易情况
Technology Contract Distribution by Technology Buyer

买方类别 Category of Technology Buyer	合同数 (项) Number of Contracts (item)	合同交易额 (亿元) Value of Contract Deals (100 million yuan)	技术交易额 (亿元) Value of Technical Deals (100 million yuan)
合计 **Total**	**549353**	**28251.5**	**19746.7**
机关法人 **Governments**	**62128**	**3554.9**	**1845.9**
事业法人 **Public Organizations**	**73062**	**1554.0**	**1135.9**
科研机构 Research Institutes	27071	411.6	368.3
高等院校 Higher Education	14206	145.9	95.8
医疗卫生 Medical and Sanitation	6428	68.9	57.9
其他 Other	25357	927.7	614.0
社团法人 **Social Organizations**	**2044**	**42.8**	**36.2**
企业法人 **Enterprises**	**402020**	**22767.4**	**16463.3**
内资企业 Domestic Funded Enterprises	361101	17677.6	12220.2
港澳台商投资企业 Enterprises with Funds from Hongkong, Macao and Taiwan	5187	646.0	460.3
外商投资企业 Foreign Funded Enterprises	11845	1364.7	1019.0
个体经营 Private Enterprises	8653	143.4	102.3
境外企业 Overseas Enterprises	15234	2935.8	2661.5
自然人 **Natural Person**	**4052**	**68.4**	**55.6**
其他组织 **Other Organizations**	**6047**	**263.9**	**209.7**

9-9 重大技术合同构成情况
Key Technology Contract Composition

构成 Composition	合同数 (项) Number of Contracts (item)	成交金额 (亿元) Value of Contract Deals (100 million yuan)
一、合同类别 **Category of Contracts**		
合 计 **Total**	**25726**	**22799.0**
技术服务 Technology Service	12367	13431.0
技术开发 Technology Development	10200	6379.9
技术转让 Technology Transfer	2055	2136.9
技术咨询 Technology Consultation	1104	851.2
二、技术领域 **Technical Field**		
合 计 **Total**	**25726**	**22799.0**
电子信息技术 IT Technology	6015	4531.9
先进制造技术 Advanced Manufacture	4862	3349.3
新能源与高效节能 New Energy and Energy Saving	2485	2400.1
现代交通 Modern Transportation	1640	3059.9
环境保护与资源综合利用技术 Environment Protection and Resource Comprehensive Utilization	1629	1536.6
新材料及其应用 Advanced Material and Application	1815	878.1
生物、医药和医疗器械技术 Biology, Medicine and Medical Machine	1884	1335.8
城市建设与社会发展 Urban Construction and Social Development	3786	4909.2
农业技术 Agriculture Technology	1035	423.9
航空航天技术 Aviation and Aerospace Technology	531	301.1
核应用技术 Nuclear Application Technology	44	73.2
三、知识产权 **Intellectual Right**		
合 计 **Total**	**25726**	**22799.0**
技术秘密 Technology Secrets	4687	4414.6
专利 Patents	3346	3409.9
计算机软件 Computer Software	1640	932.3
植物新品种 New Species of Plants and Animals	41	12.1
集成电路布图设计 IC Layout Design	78	122.5
生物、医药新品种 New Species of Biology and Medicine	288	233.0
设计著作权 Design Copyright	206	121.9
未涉及知识产权 Other	15440	13552.6

9-10 各省、自治区、直辖市技术合同登记情况
Technology Contract Distribution by Region

地　区	Region	合同数（项）Number of Contracts (item)	成交金额（亿元）Value of Contract Deals (100 million yuan)	排名 Ranking
合　计	**Total**	**549353**	**28251.5**	
北　京	Beijing	84451	6316.2	1
天　津	Tianjin	9822	1113.0	10
河　北	Hebei	7486	558.6	14
山　西	Shanxi	1059	45.0	26
内蒙古	Inner Mongolia	1506	48.2	25
辽　宁	Liaoning	17621	645.1	13
吉　林	Jilin	5361	462.2	15
黑龙江	Heilongjiang	5127	267.8	17
上　海	Shanghai	26811	1815.3	5
江　苏	Jiangsu	57412	2335.8	3
浙　江	Zhejiang	25970	1478.2	8
安　徽	Anhui	16717	672.2	12
福　建	Fujian	10943	183.9	21
江　西	Jiangxi	4087	233.4	19
山　东	Shandong	73947	1953.9	4
河　南	Henan	11751	384.5	16
湖　北	Hubei	39749	1687.0	7
湖　南	Hunan	11741	735.9	11
广　东	Guangdong	39845	3465.9	2
广　西	Guangxi	3405	91.7	23
海　南	Hainan	529	20.2	28
重　庆	Chongqing	3592	154.2	22
四　川	Sichuan	20456	1248.8	9
贵　州	Guizhou	3438	249.1	18
云　南	Yunnan	3331	50.1	24
西　藏	Tibet	67	0.8	31
陕　西	Shaanxi	52036	1758.9	6
甘　肃	Gansu	7403	233.2	20
青　海	Qinghai	1073	10.6	29
宁　夏	Ningxia	1874	22.5	27
新　疆	Xinjiang	743	9.5	30

9-11 各省、自治区、直辖市技术交易情况

Technology Trade Statistics by Region

地　区	Region	输出技术 Technology Output		吸纳技术 Technology Adoption	
		合同数（项）Number of Contracts (item)	成交金额（亿元）Value of Contract Deals (100 million yuan)	合同数（项）Number of Contracts (item)	成交金额（亿元）Value of Contract Deals (100 million yuan)
合　计	**Total**	**549353**	**28251.5**	**549353**	**28251.5**
北　京	Beijing	84451	6316.2	65548	3128.6
天　津	Tianjin	9685	1089.6	8466	617.0
河　北	Hebei	7468	555.0	12070	706.7
山　西	Shanxi	1059	45.0	5171	332.3
内蒙古	Inner Mongolia	1494	36.0	7346	251.1
辽　宁	Liaoning	17301	632.8	14984	406.6
吉　林	Jilin	5361	462.2	5565	529.6
黑龙江	Heilongjiang	5126	265.2	6135	189.9
上　海	Shanghai	26356	1583.2	28913	1162.8
江　苏	Jiangsu	56916	2087.8	53679	2217.0
浙　江	Zhejiang	25725	1403.3	31592	1568.6
安　徽	Anhui	16667	659.6	18308	737.9
福　建	Fujian	10753	163.5	11886	513.7
江　西	Jiangxi	4084	233.4	5651	344.6
山　东	Shandong	73639	1903.9	67270	2048.5
河　南	Henan	11717	379.8	13660	536.7
湖　北	Hubei	39420	1665.8	25232	1403.5
湖　南	Hunan	11741	735.9	10777	523.6
广　东	Guangdong	39485	3267.2	56009	4306.3
广　西	Guangxi	3404	91.7	6337	474.0
海　南	Hainan	529	20.2	2211	79.8
重　庆	Chongqing	3515	117.8	5673	225.5
四　川	Sichuan	20415	1244.6	20050	875.6
贵　州	Guizhou	3437	249.1	6062	556.1
云　南	Yunnan	3325	49.9	6277	332.4
西　藏	Tibet	67	0.8	1073	81.2
陕　西	Shaanxi	52035	1758.7	28879	941.1
甘　肃	Gansu	7403	233.2	8525	235.6
青　海	Qinghai	1073	10.6	2291	84.2
宁　夏	Ningxia	1864	16.8	3315	113.5
新　疆	Xinjiang	741	9.0	4973	273.5
香　港	Hongkong	116	14.6	1107	237.8
台　湾	Taiwan	189	15.1	148	23.7
澳　门	Macao	10	3.6	49	0.4
国　外	Overseas	2782	930.5	4121	2192.2

9-12 计划单列市技术交易情况

Technology Trade Statistics of the Cities Listed Independently in the State Plan

地 区	Region	输出技术 Technology Output			吸纳技术 Technology Adoption		
		合同数（项） Number of Contracts (item)	成交金额（亿元） Value of Contract Deals (100 million yuan)	排名 Ranking	合同数（项） Number of Contracts (item)	成交金额（亿元） Value of Contract Deals (100 million yuan)	排名 Ranking
合 计	**Total**	**35837**	**1840.5**		**43641**	**2408.3**	
大 连	Dalian	7582	249.8	3	6599	76.4	4
宁 波	Ningbo	3184	167.2	4	4849	314.2	3
厦 门	Xiamen	5727	108.8	5	4559	60.8	5
青 岛	Qingdao	7547	270.8	2	6303	325.4	2
深 圳	Shenzhen	11797	1043.9	1	21331	1631.5	1

9-13 副省级城市技术交易情况

Technology Trade Statistics of the Deputy Provincial Level Cities

地 区	Region	输出技术 Technology Output			吸纳技术 Technology Adoption		
		合同数（项） Number of Contracts (item)	成交金额（亿元） Value of Contract Deals (100 million yuan)	排名 Ranking	合同数（项） Number of Contracts (item)	成交金额（亿元） Value of Contract Deals (100 million yuan)	排名 Ranking
合 计	**Total**	**176121**	**8126.8**		**114963**	**5782.3**	
沈 阳	Shenyang	8019	304.1	9	4997	146.9	9
长 春	Changchun	4772	451.6	6	4050	362.8	8
哈 尔 滨	Harbin	3293	213.0	10	3463	114.5	10
南 京	Nanjing	26206	676.3	5	17755	594.8	4
杭 州	Hangzhou	11247	336.1	7	11828	444.8	7
武 汉	Wuhan	23552	932.1	4	13353	788.9	2
济 南	Jinan	10108	331.4	8	9558	514.0	6
广 州	Guangzhou	22436	2089.1	1	16845	1633.1	1
成 都	Chengdu	16943	1144.5	3	13006	521.0	5
西 安	Xi'an	49545	1648.6	2	20108	661.6	3

9-14 东部地区技术交易情况
Technology Trade Statistics of the Eastern Region

地区 Region	输出技术 Technology Output			吸纳技术 Technology Adoption		
	合同数（项） Number of Contracts (item)	成交金额（亿元） Value of Contract Deals (100 million yuan)	排名 Ranking	合同数（项） Number of Contracts (item)	成交金额（亿元） Value of Contract Deals (100 million yuan)	排名 Ranking
合 计 Total	**335007**	**18389.9**		**337644**	**16349.0**	
北 京 Beijing	84451	6316.2	1	65548	3128.6	2
天 津 Tianjin	9685	1089.6	7	8466	617.0	8
河 北 Hebei	7468	555.0	8	12070	706.7	7
上 海 Shanghai	26356	1583.2	5	28913	1162.8	6
江 苏 Jiangsu	56916	2087.8	3	53679	2217.0	3
浙 江 Zhejiang	25725	1403.3	6	31592	1568.6	5
福 建 Fujian	10753	163.5	9	11886	513.7	9
山 东 Shandong	73639	1903.9	4	67270	2048.5	4
广 东 Guangdong	39485	3267.2	2	56009	4306.3	1
海 南 Hainan	529	20.2	10	2211	79.8	10

9-15 中部地区技术交易情况
Technology Trade Statistics of the Middle Region

地区 Region	输出技术 Technology Output			吸纳技术 Technology Adoption		
	合同数（项） Number of Contracts (item)	成交金额（亿元） Value of Contract Deals (100 million yuan)	排名 Ranking	合同数（项） Number of Contracts (item)	成交金额（亿元） Value of Contract Deals (100 million yuan)	排名 Ranking
合 计 Total	**84688**	**3719.5**		**78799**	**3878.6**	
湖 北 Hubei	39420	1665.8	1	25232	1403.5	1
安 徽 Anhui	16667	659.6	3	18308	737.9	2
湖 南 Hunan	11741	735.9	2	10777	523.6	4
河 南 Henan	11717	379.8	4	13660	536.7	3
江 西 Jiangxi	4084	233.4	5	5651	344.6	5
山 西 Shanxi	1059	45.0	6	5171	332.3	6

9-16 西部地区技术交易情况
Technology Trade Statistics of the Western Region

地区	Region	输出技术 Technology Output			吸纳技术 Technology Adoption		
		合同数(项) Number of Contracts (item)	成交金额(亿元) Value of Contract Deals (100 million yuan)	排名 Ranking	合同数(项) Number of Contracts (item)	成交金额(亿元) Value of Contract Deals (100 million yuan)	排名 Ranking
合计	**Total**	**89446**	**3375.1**		**100801**	**4443.7**	
重庆	Chongqing	3515	117.8	5	5673	225.5	9
内蒙古	Inner Mongolia	1494	36.0	8	7346	251.1	7
四川	Sichuan	20415	1244.6	2	20050	875.6	2
陕西	Shaanxi	52035	1758.7	1	28879	941.1	1
云南	Yunnan	3325	49.9	7	6277	332.4	5
甘肃	Gansu	7403	233.2	4	8525	235.6	8
新疆	Xinjiang	741	9.0	11	4973	273.5	6
青海	Qinghai	1073	10.6	10	2291	84.2	11
贵州	Guizhou	3437	249.1	3	6062	556.1	3
广西	Guangxi	3404	91.7	6	6337	474.0	4
宁夏	Ningxia	1864	16.8	9	3315	113.5	10
西藏	Xizang	67	0.8	12	1073	81.2	12

9-17 东北地区技术交易情况
Technology Trade Statistics of the Northeast Region

地区	Region	输出技术 Technology Output			吸纳技术 Technology Adoption		
		合同数(项) Number of Contracts (item)	成交金额(亿元) Value of Contract Deals (100 million yuan)	排名 Ranking	合同数(项) Number of Contracts (item)	成交金额(亿元) Value of Contract Deals (100 million yuan)	排名 Ranking
合计	**Total**	**27788**	**1360.2**		**26684**	**1126.1**	
辽宁	Liaoning	17301	632.8	1	14984	406.6	2
黑龙江	Heilongjiang	5126	265.2	3	6135	189.9	3
吉林	Jilin	5361	462.2	2	5565	529.6	1

9-18 环渤海地区技术交易情况
Technology Trade Statistics of the Bohai Sea Rim Region

地区	Region	输出技术 Technology Output			吸纳技术 Technology Adoption		
		合同数（项）Number of Contracts (item)	成交金额（亿元）Value of Contract Deals (100 million yuan)	排名 Ranking	合同数（项）Number of Contracts (item)	成交金额（亿元）Value of Contract Deals (100 million yuan)	排名 Ranking
合计	**Total**	**195097**	**10578.3**		**180855**	**7490.8**	
北京	Beijing	84451	6316.2	1	65548	3128.6	1
辽宁	Liaoning	17301	632.8	4	14984	406.6	5
天津	Tianjin	9685	1089.6	3	8466	617.0	4
山东	Shandong	73639	1903.9	2	67270	2048.5	2
内蒙古	Inner Mongolia	1494	36.0	7	7346	251.1	7
河北	Hebei	7468	555.0	5	12070	706.7	3
山西	Shanxi	1059	45.0	6	5171	332.3	6

9-19 长三角地区技术交易情况
Technology Trade Statistics of the Yangzi River Delta Region

地区	Region	输出技术 Technology Output			吸纳技术 Technology Adoption		
		合同数（项）Number of Contracts (item)	成交金额（亿元）Value of Contract Deals (100 million yuan)	排名 Ranking	合同数（项）Number of Contracts (item)	成交金额（亿元）Value of Contract Deals (100 million yuan)	排名 Ranking
合计	**Total**	**108997**	**5074.4**		**114184**	**4948.5**	
上海	Shanghai	26356	1583.2	2	28913	1162.8	3
江苏	Jiangsu	56916	2087.8	1	53679	2217.0	1
浙江	Zhejiang	25725	1403.3	3	31592	1568.6	2

9-20 珠三角地区技术交易情况
Technology Trade Statistics of the Pearl River Delta Region

地区	Region	输出技术 Technology Output			吸纳技术 Technology Adoption		
		合同数（项）Number of Contracts (item)	成交金额（亿元）Value of Contract Deals (100 million yuan)	排名 Ranking	合同数（项）Number of Contracts (item)	成交金额（亿元）Value of Contract Deals (100 million yuan)	排名 Ranking
合计	**Total**	**39611**	**3285.4**		**57165**	**4544.5**	
广东	Guangdong	39485	3267.2	1	56009	4306.3	1
香港	Hongkong	116	14.6	2	1107	237.8	2
澳门	Macao	10	3.6	3	49	0.4	3

9-21 科技成果登记类型构成情况
Registration of Scientific and Technological Achievements by Category

单位：项 (Item)

年 份 Year	登记数量 Registrations Quantity	基础理论成果 Basic Theoretical Achievements	应用技术成果 Applied Technical Achievements	软科学成果 Soft Science Achievements
2016	58779	5565	51728	1486
2017	59792	6535	51677	1580
2018	65720	6497	57618	1605
2019	68562	7009	59903	1650
2020	76521	7678	67108	1735

9-22 科技成果登记完成单位构成情况
Registration of Scientific and Technological Achievements by Type of Unit

单位：项 (Item)

年 份 Year	登记数量 Registrations Quantity	独立科研机构 Independent Research Institutes	大专院校 Colleges & Univerisities	企业 Enterprise	医疗机构 Medical Institution	其他 Other
2016	58779	8879	10780	23896	8454	6770
2017	59792	8708	10621	25126	7835	7502
2018	65720	9588	11863	28861	7694	7714
2019	68562	9158	10567	35511	7585	5741
2020	76521	9513	11782	40642	8391	6193

9-23 登记科技成果课题来源构成情况
Registration of Scientific and Technological Achievements by Sources

课题来源 Topic Source	成果数(项) Quantity(item)	占比(%) Percent(%)
合计 Total	**76521**	**100.00**
国家科技计划 National Technology Program	5050	6.60
部门计划 Ministry Technology Program	5532	7.23
地方计划 Prefectural Technology Program	17842	23.32
部门基金 Science Foundation of Ministry	593	0.77
地方基金 Prefectural Science Foundation	2184	2.85
民间基金 Non-governmental Science Foundation	44	0.06
国际合作 International Cooperation	74	0.10
横向委托 Transverse Commissioned	738	0.96
自选 Self Committed	38573	50.41
其他 Other	5891	7.70

9-24 科技成果知识产权产出情况
Output of Intellectual Property Rights of Scientific and Technological Achievements

单位：项、% (Item, %)

知识产权类型 Type of Intellectual Property	2019	2020	增幅 Increase
合计 Total	**113052**	**120387**	**6.49**
其中：已授权专利 Licensed Patent	96476	100446	4.12
发明专利 Patent for Invention	55929	59257	5.95
实用新型专利 Patent for Utility Model	39334	40201	2.2
外观设计专利 Industrial Design	1980	1771	-10.56
计算机软件著作权 Software Copyright	7653	10401	35.91
其他 Other	8156	8757	7.37

9-25 各省、自治区、直辖市科技成果登记情况

Registration of Scientific and Technological Achievements by Region

单位：项 (Item)

地区*	Region	成果总数 Total S&T Achievements		基础理论成果 Basic Theoretical Achievements		应用技术成果 Applied Technical Achievements		软科学成果 Soft Science Achievements	
		2019年	2020年	2019年	2020年	2019年	2020年	2019年	2020年
合　计	**Total**	**61534**	**70063**	**5715**	**6760**	**54473**	**62080**	**1346**	**1223**
东部地区	Eastern Region	23060	22550	2788	3234	19672	18622	600	694
中部地区	Middle Region	22576	27285	683	637	21586	26402	307	246
西部地区	Western Region	13320	18101	1830	2523	11150	15343	340	235
东北地区	Northeast Region	2578	2127	414	366	2065	1713	99	48
北　京	Beijing	1049	1049	153	140	813	826	83	83
天　津	Tianjin	2345	1880	298	296	2002	1555	45	29
河　北	Hebei	2586	3216	97	119	2456	3002	33	95
山　西	Shanxi	1238	1262	193	117	968	1086	77	59
内蒙古	Inner Mongolia	120	39	27	2	93	27		10
辽　宁	Liaoning	240	220	22	7	210	213	8	
吉　林	Jilin	559	666	40	85	485	553	34	28
黑龙江	Heilongjiang	1779	1241	352	274	1370	947	57	20
上　海	Shanghai	1348	1172	102	105	1199	988	47	79
江　苏	Jiangsu	733	859	133	151	598	708	2	
浙　江	Zhejiang	7059	6309	343	499	6536	5612	180	198
安　徽	Anhui	16294	20168	62	65	16190	20031	42	72
福　建	Fujian	666	504	61	39	586	454	19	11
江　西	Jiangxi	785	1070	176	227	608	843	1	
山　东	Shandong	3286	2946	719	628	2552	2296	15	22
河　南	Henan	1956	2524	187	172	1744	2324	25	28
湖　北	Hubei	1489	1729	59	54	1300	1623	130	52
湖　南	Hunan	814	532	6	2	776	495	32	35
广　东	Guangdong	3839	4480	818	1206	2846	3100	175	174
广　西	Guangxi	3048	3050	185	161	2822	2855	41	34
海　南	Hainan	149	135	64	51	84	81	1	3
重　庆	Chongqing	1312	1446	23	109	1140	1316	149	21
四　川	Sichuan	3491	6171	539	594	2951	5571	1	6
贵　州	Guizhou	220	198	61	34	156	164	3	
云　南	Yunnan	842	585	53	35	777	520	12	30
西　藏	Tibet	317	353	65	81	237	261	15	11
陕　西	Shaanxi	722	992	148	306	562	677	12	9
甘　肃	Gansu	965	2148	44	350	900	1750	21	48
青　海	Qinghai	26		4		22			
宁　夏	Ningxia	1479	2140	504	648	922	1463	53	29
新　疆	Xinjiang	545	580	124	149	401	415	20	16
新疆兵团	XinjiangCorps	233	399	53	54	167	324	13	21

注：成果登记地区分布中不包含部委和行业协会成果登记数。

9-26 计划单列市科技成果登记情况

Registration of Scientific and Technological Achievements of the Cities Listed Independently in the State Plan

单位：项 (Item)

地区	Region	成果总数 Total S&T Achievements		基础理论成果 Basic Theoretical Achievements		应用技术成果 Applied Technical Achievements		软科学成果 Soft Science Achievements	
		2019年	2020年	2019年	2020年	2019年	2020年	2019年	2020年
合　计	**Total**	**2057**	**2150**	**511**	**479**	**1449**	**1540**	**97**	**131**
大　连	Dalian	207	208	22	7	179	201	6	
宁　波	Ningbo	717	865	202	267	428	472	87	126
厦　门	Xiamen	331	314	33	30	297	283	1	1
青　岛	Qingdao	588	428	243	166	344	261	1	1
深　圳	Shenzhen	214	335	11	9	201	323	2	3

9-27 应用技术成果应用行业分布情况
Industry Distribution of Applied Technology Achievements

应用行业 Application Industry	成果数(项) Quantity(Item)	占比(%) Percent(%)
合计 Total	**67108**	**100.00**
农、林、牧、渔业 Farming, Forestry, Animal Husbandry and Fishery	9355	13.94
采矿业 Mining Industry	1256	1.87
制造业 Manufacturing Industry	26941	40.15
电力、热力、燃气及水的生产和供应业 Production and Supply of Electricity, Heat, Gas and Water	2553	3.80
建筑业 Construction Industry	2818	4.20
交通运输、仓储和邮政业 Transportation, Warehousing and Postal Services	201	0.30
批发和零售业 Wholesale and Retail Trade	1777	2.65
金融业 Financial Industry	106	0.16
房地产业 Realty Business	5107	7.61
信息传输、软件和信息技术服务业 Information Transmission, Software and Information Technology Services	117	0.17
住宿和餐饮业 Hotels and Catering Services	120	0.18
租赁和商务服务业 Leasing and Business Services	73	0.11
科学研究和技术服务业 Scientific Research and Technology Services	5645	8.41
水利、环境和公共设施管理业 Water Conservancy, Environment and Public Facilities Management	1946	2.90
居民服务、修理和其他服务业 Residential Services, Repairs and Other Services	315	0.47
教育 Education	308	0.46
卫生和社会工作 Health and Social Work	7515	11.2
文化、体育和娱乐业 Culture, Sports and Entertainment	349	0.52
公共管理、社会保障和社会组织 Public Administration, Social Security and Social Organization	600	0.89
国际组织 International Organization	6	0.01

9-28 应用技术成果高新技术领域分布情况
Distribution of High-tech Fields of Applied Technology Achievements

高新技术领域 High-tech Field	成果数(项) Quantity(item)	占比(%) Percent(%)
总计	**67108**	**100.00**
Total		
先进制造	10872	16.20
Advanced Manufacture		
电子信息	7300	10.88
Electronic Information		
现代农业	5887	8.77
Modern Agriculture		
新材料	5777	8.61
New Material		
生物医药与医疗器械	5388	8.03
Biomedical and Medical Devices		
新能源与节能	2613	3.89
New Energy and Energy Conservation		
环境保护	2408	3.59
The Environmental Protection		
现代交通	1010	1.51
Modern Transportation		
地球、空间与海洋	970	1.45
Earth, Space and Oceans		
航空航天	394	0.59
Aeronautics and Astronautics		
核应用技术	100	0.15
Nuclear Application Technology		
其他	24389	36.34
Other		

第十部分

国家技术转移机构

The Tenth Part

National Technology Transfer Centers

10-1 各地区国家技术转移机构法人构成情况

Distribution of Organization Type of National Technology Transfer Centers by Region

单位：个 (unit)

地　区	Region	机构总数* Number of National Technology Transfer Centers	企业法人 Number of Enterprises	事业法人 Number of Public Organizations	社团法人 Number of Social Organizations	民办非企业 Number of Private Non-enterprise Organization	内设机构 Number of Internal Organs
合　计	**Total**	**425**	**164**	**112**	**13**		**136**
东部地区	Eastern Region	243	96	57	5		86
中部地区	Middle Region	57	25	17	2		13
西部地区	Western Region	89	32	31	6		19
东北地区	Northeast Region	36	11	7			18
北　京	Beijing	54	32	5			17
天　津	Tianjin	10	3	5			2
河　北	Hebei	13	3	3			7
山　西	Shanxi	6	1	4			1
内蒙古	Inner Mongolia	3	1		1		1
辽　宁	Liaoning	16	5	2			9
吉　林	Jiling	10	3	2			5
黑龙江	Heilongjiang	11	4	4			3
上　海	Shanghai	24	8	5	2		9
江　苏	Jiangsu	45	9	11			25
浙　江	Zhejiang	26	15	6			5
安　徽	Anhui	12	3	5			4
福　建	Fujian	11	5	2			4
江　西	Jiangxi	5	4				1
山　东	Shandong	27	11	5			11
河　南	Henan	6	3	3			
湖　北	Hubei	20	9	4	2		5
湖　南	Hunan	9	6	1			2
广　东	Guangdong	31	7	14	3		7
广　西	Guangxi	6	2	3	1		
海　南	Hainan						
重　庆	Chongqing	8	3	3	1		1
四　川	Sichuan	22	7	6	3		6
贵　州	Guizhou	2	1				1
云　南	Yunnan	6	2	1			3
西　藏	Tibet						
陕　西	Shaanxi	21	9	9			3
甘　肃	Gansu	8	5	3			
青　海	Qinghai	3	1	2			
宁　夏	Ningxia						
新　疆	Xinjiang	7	2	2			3
新疆兵团	Xinjiang Corps	3		2			1

注：此统计数据包含5个计划单列市。2020年，国家技术转移示范机构总数425家，其中上报统计数据409家，后表所列人员、促成技术转移和服务相关指标为409家机构的数据，后同。

10-2 各地区国家技术转移机构人员构成情况
Personnel Statistics of National Technology Transfer Centers by Region

单位：人 (person)

地区	Region	总人数 Total Number of Employees	大学本科及以上 With University Education and Above	中级职称及以上 With Mid-level Professional Titles and Above	技术经纪人 Number of Private Non-enterprise Organization
合　计	**Total**	**62239**	**47513**	**35447**	**4497**
东部地区	Eastern Region	39005	27452	18691	3178
中部地区	Middle Region	7543	6230	5054	323
西部地区	Western Region	11747	10153	8424	731
东北地区	Northeast Region	3944	3678	3278	265
北　京	Beijing	4312	3697	2622	401
天　津	Tianjin	651	567	454	73
河　北	Hebei	545	479	437	103
山　西	Shanxi	106	96	70	28
内蒙古	Inner Mongolia	72	46	34	16
辽　宁	Liaoning	3286	3127	2872	119
吉　林	Jiling	279	242	206	74
黑龙江	Heilongjiang	379	309	200	72
上　海	Shanghai	8670	8178	6762	255
江　苏	Jiangsu	6606	5910	4272	780
浙　江	Zhejiang	3792	2757	961	892
安　徽	Anhui	2385	1974	1570	71
福　建	Fujian	166	140	93	83
江　西	Jiangxi	202	152	104	14
山　东	Shandong	3179	2418	1489	217
河　南	Henan	226	207	145	45
湖　北	Hubei	4509	3692	3108	126
湖　南	Hunan	115	109	57	39
广　东	Guangdong	11084	3306	1601	374
广　西	Guangxi	725	452	387	47
海　南	Hainan				
重　庆	Chongqing	514	480	390	35
四　川	Sichuan	3396	2902	2426	236
贵　州	Guizhou	37	35	32	11
云　南	Yunnan	421	356	241	35
陕　西	Shaanxi	3859	3575	3011	219
甘　肃	Gansu	1096	912	808	49
青　海	Qinghai	301	275	199	57
宁　夏	Ningxia				
新　疆	Xinjiang	1270	1073	862	25
新疆兵团	Xinjiang Corps	56	47	34	1

10-3 各地区国家技术转移机构促成技术转移情况

Technology Transfer Promotion Statistics of National Technology Transfer Centers by Region

单位：项 (item)

地　区	Region	促成项目成交总数 Total Number of Projects Traded	战略性新兴产业项目成交数量 Number of Strategic Emerging Industry Projects	公共财政项目成交数量 Number of Public Financed Projects	国际技术转移项目成交数量 Number of International Technology Transfer Projects	重大技术转移项目成交数量 Number of Key Technology Transfer Projects
合　计	**Total**	**150040**	**82706**	**22052**	**1951**	**3195**
东部地区	Eastern Region	89580	60911	12269	1637	1578
中部地区	Middle Region	16629	9791	3272	124	493
西部地区	Western Region	33364	8082	3965	141	647
东北地区	Northeast Region	10467	3922	2546	49	477
北　京	Beijing	13963	7146	2000	426	393
天　津	Tianjin	5276	2785	983	42	17
河　北	Hebei	3576	2095	1482	5	20
山　西	Shanxi	969	330	25	3	159
内蒙古	Inner Mongolia	69	59	7		3
辽　宁	Liaoning	4543	1637	716	21	285
吉　林	Jiling	3665	518	1668	7	79
黑龙江	Heilongjiang	2259	1767	162	21	113
上　海	Shanghai	9384	6329	824	679	260
江　苏	Jiangsu	24241	15699	4902	265	327
浙　江	Zhejiang	6328	4085	545	41	148
安　徽	Anhui	4142	3179	491	9	30
福　建	Fujian	1295	568	318	4	10
江　西	Jiangxi	782	248	190		1
山　东	Shandong	4449	2847	653	84	304
河　南	Henan	410	296	28	15	5
湖　北	Hubei	9067	4763	2517	95	250
湖　南	Hunan	1259	975	21	2	48
广　东	Guangdong	21068	19357	562	91	99
广　西	Guangxi	105	61		2	28
海　南	Hainan					
重　庆	Chongqing	6119	312	101	4	14
四　川	Sichuan	7254	4591	650	92	494
贵　州	Guizhou	470	246	159		1
云　南	Yunnan	4481	1040	2083	9	14
陕　西	Shaanxi	13343	1433	738	13	67
甘　肃	Gansu	747	196	90		4
青　海	Qinghai	147	60	61	1	10
宁　夏	Ningxia					
新　疆	Xinjiang	550	58	59	20	8
新疆兵团	Xinjiang Corps	79	26	17		4

10-3 续表 Continued

单位：千元 (1000yuan)

地 区 Region	促成项目成交总金额 Total Transaction Value of Projects Traded	战略性新兴产业项目成交金额 Transaction Value of Strategic Emerging Industry Projects	公共财政项目成交金额 Transaction Value of Public Financed Projects	国际技术转移项目成交金额 Transaction Value of International Technology Transfer Projects	重大技术转移项目成交金额 Transaction Value of Key Technology Transfer Projects
合 计 Total	**200792912**	**96017912**	**29715859**	**6377745**	**64486343**
东部地区 Eastern Region	84484170	61398259	18160921	5532558	43322102
中部地区 Middle Region	20906559	9949876	1835565	392753	9020203
西部地区 Western Region	81693840	18049584	5626910	142503	7414770
东北地区 Northeast Region	13708344	6620193	4092463	309931	4729268
北 京 Beijing	43997929	35621635	12466452	2663503	33105759
天 津 Tianjin	2891613	1443578	354200	63616	212162
河 北 Hebei	985538	512364	400980	3440	94131
山 西 Shanxi	3286100	1030740	35000	3410	2101120
内蒙古 Inner Mongolia	342702	201934	11575		93200
辽 宁 Liaoning	2261291	641067	428638	23116	1284757
吉 林 Jiling	2145148	1486043	948931	9864	914615
黑龙江 Heilongjiang	9301905	4493083	2714894	276951	2529895
上 海 Shanghai	6869493	4809358	1139737	103397	2424723
江 苏 Jiangsu	12233229	8108304	2261783	629859	1744622
浙 江 Zhejiang	5171673	3557793	188696	85116	717973
安 徽 Anhui	1919593	1261480	462169	26016	276316
福 建 Fujian	836463	483576	97597	8649	59870
江 西 Jiangxi	253191	118672	49267		3000
山 东 Shandong	7743071	4382402	514882	1964161	4276317
河 南 Henan	452460	376131	149317	16254	111487
湖 北 Hubei	13802979	6083400	1129452	345034	6196814
湖 南 Hunan	1192236	1079453	10360	2039	331466
广 东 Guangdong	3755162	2479248	736595	10818	686545
广 西 Guangxi	930921	499556		31000	386770
海 南 Hainan					
重 庆 Chongqing	1107047	331361	321044	5300	195109
四 川 Sichuan	19223298	15455150	942922	40846	5053876
贵 州 Guizhou	179433	95991	42936		3000
云 南 Yunnan	995168	424549	565048	31967	70581
陕 西 Shaanxi	57778295	672057	3649653	23120	1277167
甘 肃 Gansu	293918	198407	15632		150358
青 海 Qinghai	167043	89308	44315	1000	74530
宁 夏 Ningxia					
新 疆 Xinjiang	478433	57950	27582	9270	56040
新疆兵团 Xinjiang Corps	197583	23320	6204		54140

10-4 各地区国家技术转移机构服务情况

Service Statistics of National Technology Transfer Centers by Region

地　区	Region	组织交易活动（次） Number of Trading Activities Organized (item)	组织技术转移培训（次） Number of Technology Transfer Training Organized (item)	服务企业数量（家） Number of Served Enterprises (unit)	解决企业需求（项） Number of Solved Business Needs (item)
合　计	**Total**	**17243**	**455823**	**317376**	**213793**
东部地区	Eastern Region	12745	304081	202916	150186
中部地区	Middle Region	1133	56534	33862	21596
西部地区	Western Region	2502	81893	68678	34046
东北地区	Northeast Region	863	13315	11920	7965
北　京	Beijing	2100	66862	33899	23350
天　津	Tianjin	440	13660	3668	5183
河　北	Hebei	382	11457	3805	2529
山　西	Shanxi	50	900	604	622
内蒙古	Inner Mongolia	61	725	426	70
辽　宁	Liaoning	567	7028	3284	3941
吉　林	Jiling	206	3214	3860	1996
黑龙江	Heilongjiang	90	3073	4776	2028
上　海	Shanghai	592	8269	21579	39906
江　苏	Jiangsu	4141	49715	41520	32695
浙　江	Zhejiang	1617	20337	35632	12860
安　徽	Anhui	427	15262	16166	3106
福　建	Fujian	175	13297	4265	1694
江　西	Jiangxi	63	3988	2665	3577
山　东	Shandong	1073	74535	16689	7238
河　南	Henan	119	9113	4102	1123
湖　北	Hubei	386	25898	8367	10992
湖　南	Hunan	88	1373	1958	2176
广　东	Guangdong	2225	45949	41859	24731
广　西	Guangxi	64	12640	2196	437
海　南	Hainan				
重　庆	Chongqing	277	21325	6659	2415
四　川	Sichuan	1044	34496	36712	17933
贵　州	Guizhou	16	613	491	476
云　南	Yunnan	107	1234	6217	2892
西　藏	Tibet				
陕　西	Shaanxi	806	4803	11497	7199
甘　肃	Gansu	70	3357	1573	1412
青　海	Qinghai	6	234	907	104
宁　夏	Ningxia				
新　疆	Xinjiang	40	1410	1562	952
新疆兵团	Xinjiang Corps	11	1056	438	156

10-5 计划单列市国家技术转移机构法人构成情况

Distribution of Organization Type of National Technology Transfer Centers of the Cities Listed Independently in the State Plan

单位：个 (unit)

城 市	City	机构总数 Number of National Technology Transfer Centers	企业法人 Number of Enterprises	事业法人 Number of Public Organizations	社团法人 Number of Social Organizations	民办非企业 Number of private Non-enterprise Organization	内设机构 Number of Internal Organs
合 计	**Total**	**38**	**21**	**6**	**2**		**9**
大 连	Dalian	6	3	1			2
宁 波	Ningbo	6	3	1			2
厦 门	Xiamen	3	2				1
青 岛	Qingdao	12	9	1			2
深 圳	Shenzhen	11	4	3	2		2

10-6 计划单列市国家技术转移机构人员构成情况

Personnel Statistics of National Technology Transfer Centers of the Cities Listed Independently in the State Plan

单位：人 (person)

城 市	City	总人数 Total Number of Employees	大学本科及以上 With University Education and Above	中级职称及以上 With Mid-level Professional Titles and Above	技术经纪人 Number of Private Non-enterprise Organization
合 计	**Total**	**3873**	**3641**	**3100**	**288**
大 连	Dalian	2863	2740	2530	52
宁 波	Ningbo	272	242	187	70
厦 门	Xiamen	18	14	7	1
青 岛	Qingdao	439	404	289	127
深 圳	Shenzhen	281	241	87	38

10-7 计划单列市国家技术转移机构促成技术转移情况

Technology Transfer Promotion Statistics of National Technology Transfer Centers of the Cities Listed Independently in the State Plan

单位：项 (item)

城市	City	促成项目成交总数 Total Number of Projects Traded	战略性新兴产业项目成交数量 Number of Strategic Emerging Industry Projects	公共财政项目成交数量 Number of Public Financed Projects	国际技术转移项目成交数量 Number of International Technology Transfer Projects	重大技术转移项目成交数量 Number of Key Technology Transfer Projects
合　计	**Total**	**5097**	**3119**	**567**	**66**	**238**
大　连	Dalian	1448	576	141	7	165
宁　波	Ningbo	703	349	43	8	13
厦　门	Xiamen	4	2		2	
青　岛	Qingdao	1964	1417	187	38	51
深　圳	Shenzhen	978	775	196	11	9

10-7 续表 Continued

单位：千元 (1000yuan)

城市	City	促成项目成交总金额 Total Transaction Value of Projects Traded	战略性新兴产业项目成交金额 Transaction Value of Strategic Emerging Industry Projects	公共财政项目成交金额 Transaction Value of Public Financed Projects	国际技术转移项目成交金额 Transaction Value of International Technology Transfer Projects	重大技术转移项目成交金额 Transaction Value of Key Technology Transfer Projects
合　计	**Total**	**5953219**	**3129231**	**581820**	**618761**	**2566463**
大　连	Dalian	1038180	295028	133583	18020	731623
宁　波	Ningbo	624395	156061	84890	14410	255800
厦　门	Xiamen	16000	8000		8000	
青　岛	Qingdao	3223280	1821109	202595	573351	1391190
深　圳	Shenzhen	1051364	849034	160752	4980	187850

10-8 计划单列市国家技术转移机构服务情况

Service Statistics of National Technology Transfer Centers of the Cities Listed Independently in the State Plan

城　　市 City	组织交易活动（次）Number of Trading Activities Organized (item)	组织技术转移培训（次）Number of Technology Transfer Training Organized (item)	服务企业数量（家）Number of Served Enterprises (unit)	解决企业需求（项）Number of Solved Business Needs (item)
合　计　Total	**1362**	**11532**	**25308**	**8079**
大　连　Dalian	384	1045	922	1206
宁　波　Ningbo	330	3475	10268	4062
厦　门　Xiamen	2	1	186	277
青　岛　Qingdao	375	3193	5295	1429
深　圳　Shenzhen	271	3818	8637	1105

第十一部分
全国生产力促进中心

The Eleventh Part
Productivity Promotion Centers (PPCS) in China

11-1 全国生产力促进中心主要经济指标
Main Economic Indicators of Productivity Promotion Centers (PPCs) in China

年 份 Year	统计中心总数 (个) Number of Productivity Promotion Centers with Data (unit)	总资产 (亿元) Total Assets (100 million yuan)	服务企业总数 (万个) Total Number of Serviced Enterprises (10000 unit)	中心年总服务收入 (亿元) Total Service Income (100 million yuan)	为企业增加销售额 (亿元) Enterprises Sales Income Increased by PPCs Service (100 million yuan)	增加利税 (亿元) Profits and Taxes Added (100 million yuan)	为社会增加就业 (万人) Employment for Society Added (10000 person)
1998	254	13.5	1.9	2.2	177.0	18.0	5.7
1999	491	17.6	4.9	4.5	155.0	26.7	11.3
2000	581	27.8	3.4	8.9	388.0	57.0	28.0
2001	701	31.2	5.0	11.3	407.0	69.0	34.5
2002	797	61.4	7.8	10.3	300.0	45.0	48.1
2003	977	67.0	6.5	13.6	477.0	66.0	150.2
2004	1099	77.1	9.2	18.7	642.0	88.1	175.3
2005	1193	90.6	9.7	18.4	1078.0	112.0	86.7
2006	1237	109.9	10.3	24.8	752.0	107.0	108.9
2007	1309	116.4	15.5	40.6	1299.0	193.6	110.6
2008	1401	162.5	19.0	30.4	1202.0	175.5	134.1
2009	1635	209.2	24.5	30.8	1796.8	208.2	165.8
2010	1705	157.1	24.5	38.4	1578.6	203.9	165.6
2011	1993	260.8	30.7	62.8	1918.2	284.0	180.0
2012	1935	295.3	38.0	89.0	2535.2	341.7	186.2
2013	2152	351.0	38.7	139.1	5282.8	397.1	193.8
2014	2152	325.0	42.7	68.2	2480.7	447.1	153.8
2015	1982	284.4	44.2	57.6	1794.4	275.0	127.9
2016	1925	293.8	20.7	49.5	1321.8	192.3	109.4
2017	1799	241.2	21.6	51.0	1076.6	150.5	75.2
2018	1515	249.2	21.6	39.0	905.6	129.2	53.0
2019	1340	222.5	17.6	22.4	775.2	99.9	52.3
2020	1186	374.5	18.3	23.3	2295.0	98.3	44.5

11-2 各省、自治区、直辖市生产力促进中心基本情况
General Statistics of Productivity Promotion Centers by Region

地　区	Region	入统中心个数（个）Number of Productivity Promotion Centers with Data (unit)	人员总数（人）Number of Employees (person)	总资产（千元）Total Assets (1000 yuan)	政府投入（千元）Govement Investment (1000 yuan)	年总服务收入（千元）Service Income of the Year (1000 yuan)	办公面积（平方米）Office Area (sq.m)
合　计	**Total**	**1186**	**15922**	**37445043**	**840888**	**2325174**	**907655**
东部地区	Eastern Region	312	5655	24957344	401609	898546	275593
中部地区	Middle Region	356	4311	6880354	133446	779060	334777
西部地区	Western Region	474	5234	5332496	297734	575406	269767
东北地区	Northeast Region	44	722	274849	8099	72162	27518
北　京	Beijing	7	583	3179228	39768	83752	9070
天　津	Tianjin	51	875	486138	1150	178836	48754
河　北	Hebei	41	558	118751	13881	100317	8301
山　西	Shanxi	27	200	13945	18591	130	3206
内蒙古	Inner Mongolia	57	465	256869	10689	9755	18742
辽　宁	Liaoning	12	264	150971		8097	11848
吉　林	Jilin	5	148	79218	4393	3240	6105
黑龙江	Heilongjiang	27	310	44660	3706	60826	9565
上　海	Shanghai	5	113	166804		15339	2619
江　苏	Jiangsu	30	765	1009060	194636	38457	23165
浙　江	Zhejiang	6	237	523578	1250	57460	14570
安　徽	Anhui	120	1744	1772780	23445	471652	127074
福　建	Fujian	48	502	17892557	33461	23948	35273
江　西	Jiangxi	124	1315	822420	41514	142019	94279
山　东	Shandong	32	364	318434	14238	29960	16578
河　南	Henan	17	352	263773	16081	23839	25788
湖　北	Hubei	44	468	3680755	20420	95499	42096
湖　南	Hunan	24	232	326680	13397	45921	42335
广　东	Guangdong	92	1658	1262794	103225	370476	117264
广　西	Guangxi	53	562	273487	42549	12003	22763
海　南	Hainan						
重　庆	Chongqing	35	341	115904	23145	214718	16265
四　川	Sichuan	105	782	2106814	33193	109422	22322
贵　州	Guizhou	58	508	316799	25516	30788	16969
云　南	Yunnan	2	44	75033	62034	22497	2510
西　藏	Tibet	2	18	1098			
陕　西	Shaanxi	35	557	671573	30315	70154	39105
甘　肃	Gansu	68	1089	770752	35743	56229	65785
青　海	Qinghai	4	91	203983	200	6437	2070
宁　夏	Ningxia	5	71	28337	18724		1489
新　疆	Xinjiang	49	692	497295	13190	42257	60548
新疆兵团	Xinjiang Corps	1	14	14553	2437	1147	1200

11-3 各省、自治区、直辖市生产力促进中心服务情况
Service Statistics of Productivity Promotion Centers by Region

地区	Region	咨询服务项次（项次）Consultation Service (item time)	提供信息条数（条）Information Provided (piece)	技术服务项次（项次）Technological Service (item time)	培训服务人次（人次）Training Service (person time)	中介服务项次（项次）Intermediary Service (item time)	孵化企业服务（个）Incubation Service (unit)
合　计	**Total**	**72890**	**18894937**	**29427**	**997518**	**10295**	**20852**
东部地区	Eastern Region	20948	15285592	13384	374051	2333	3927
中部地区	Middle Region	18455	1180618	7765	156670	4661	3468
西部地区	Western Region	31556	2407386	7255	393943	2875	12473
东北地区	Northeast Region	1931	21341	1023	72854	426	984
北　京	Beijing	201	307556	1251	21919	12	10
天　津	Tianjin	3961	11730282	1136	19890	513	720
河　北	Hebei	1776	211638	1003	31104	572	829
山　西	Shanxi	710	27820	34	15997	62	27
内蒙古	Inner Mongolia	1829	109614	331	17685	171	204
辽　宁	Liaoning	236	5684	120	2463	68	17
吉　林	Jilin	718	9307	459	4164	344	403
黑龙江	Heilongjiang	977	6350	444	66227	14	564
上　海	Shanghai	6	100	28	337		
江　苏	Jiangsu	6669	314320	1209	27169	782	1141
浙　江	Zhejiang	53	4129	234	7063	43	78
安　徽	Anhui	9295	342060	3353	70292	2261	823
福　建	Fujian	715	914746	784	44149	224	391
江　西	Jiangxi	3552	122701	1394	25017	788	1072
山　东	Shandong	2076	721737	1472	128560	48	386
河　南	Henan	1025	573909	727	5537	222	164
湖　北	Hubei	3012	106392	1566	27778	353	770
湖　南	Hunan	861	7736	691	12049	975	612
广　东	Guangdong	5491	1081084	6267	93860	139	372
广　西	Guangxi	3463	762959	323	89303	303	434
海　南	Hainan						
重　庆	Chongqing	1261	1070873	255	9479	67	9121
四　川	Sichuan	12569	145465	1267	46851	1293	1330
贵　州	Guizhou	2626	15579	865	4803	160	225
云　南	Yunnan	580	3827	349	5569	58	113
西　藏	Tibet						
陕　西	Shaanxi	7254	201454	2252	171287	247	369
甘　肃	Gansu	708	13688	557	21272	164	314
青　海	Qinghai	355	1146	11	2872	18	63
宁　夏	Ningxia	65	348	33	1950	1	4
新　疆	Xinjiang	511	82433	819	19897	256	231
新疆兵团	Xinjiang Corps	335		193	2975	137	65

11-4 各省、自治区、直辖市生产力促进中心人员情况

Personnel Statistics of Productivity Promotion Centers by Region

单位：人 (person)

地区	Region	人员数 Number of Employees	博士 Doctor	硕士 Master	学士 Bachelor	大专及以上 College and Higher Level
合计	**Total**	**15922**	**346**	**2593**	**8036**	**15206**
东部地区	Eastern Region	5655	124	1049	3039	5394
中部地区	Middle Region	4311	102	629	2064	4109
西部地区	Western Region	5234	89	716	2535	4989
东北地区	Northeast Region	722	31	199	398	714
北京	Beijing	583	37	185	315	564
天津	Tianjin	875	22	144	502	840
河北	Hebei	558	4	32	306	524
山西	Shanxi	200		25	85	187
内蒙古	Inner Mongolia	465	22	75	189	441
辽宁	Liaoning	264	11	100	133	261
吉林	Jilin	148	7	31	101	147
黑龙江	Heilongjiang	310	13	68	164	306
上海	Shanghai	113	2	36	62	113
江苏	Jiangsu	765	7	250	368	743
浙江	Zhejiang	237	11	59	118	228
安徽	Anhui	1744	21	228	873	1669
福建	Fujian	502	11	53	248	471
江西	Jiangxi	1315	38	225	573	1252
山东	Shandong	364	5	87	162	347
河南	Henan	352	6	50	186	336
湖北	Hubei	468	36	71	218	450
湖南	Hunan	232	1	30	129	215
广东	Guangdong	1658	25	203	958	1564
广西	Guangxi	562		74	259	520
海南	Hainan					
重庆	Chongqing	341	2	62	186	330
四川	Sichuan	782	15	113	311	763
贵州	Guizhou	508	1	41	283	475
云南	Yunnan	44		8	34	44
西藏	Tibet	18		4	8	16
陕西	Shaanxi	557	12	75	282	526
甘肃	Gansu	1089	24	160	501	1040
青海	Qinghai	91		8	67	86
宁夏	Ningxia	71	1	20	17	70
新疆	Xinjiang	692	12	75	390	665
新疆兵团	Xinjiang Corps	14		1	8	13

11-5 各省、自治区、直辖市生产力促进中心服务业绩情况
Service Achievements of Productivity Promotion Centers by Region

地区	Region	服务企业数量 (个) Number of Enterprises Served (unit)	为企业增加销售额 (千元) Enterprises Sales Income Increased by PPCs Service (1000 yuan)	增加利税 (千元) Profits and Taxes Added (1000 yuan)	为社会增加就业 (人) Employ-ment Added (person)	中心总服务收入 (千元) Total Service Income (1000 yuan)
合　计	**Total**	**182731**	**229504811**	**9831406**	**445372**	**2325174**
东部地区	Eastern Region	76447	21119298	2277841	131868	898546
中部地区	Middle Region	38120	35046606	4730812	126515	779060
西部地区	Western Region	60509	171412665	2652346	181676	575406
东北地区	Northeast Region	7655	1926241	170406	5313	72162
北　京	Beijing	2464	75000	22500	10900	83752
天　津	Tianjin	11800	1369561	152168	8515	178836
河　北	Hebei	4070	2368951	211338	14833	100317
山　西	Shanxi	2526	3625	342	220	130
内蒙古	Inner Mongolia	4197	313018	41911	4674	9755
辽　宁	Liaoning	1784	97452	17273	345	8097
吉　林	Jilin	2183	834644	24676	2579	3240
黑龙江	Heilongjiang	3688	994145	128457	2389	60826
上　海	Shanghai	130				15339
江　苏	Jiangsu	31479	14931549	1571421	23554	38457
浙　江	Zhejiang	6915	8278	747	26	57460
安　徽	Anhui	15669	9368142	1151609	55582	471652
福　建	Fujian	2905	487708	70458	62032	23948
江　西	Jiangxi	6208	14537251	1582759	39390	142019
山　东	Shandong	3820	630837	108004	7384	29960
河　南	Henan	5367	279886	22483	5209	23839
湖　北	Hubei	5188	10062852	1926435	12507	95499
湖　南	Hunan	3162	794850	47185	13607	45921
广　东	Guangdong	12864	1247415	141206	4624	370476
广　西	Guangxi	3777	10942	251	569	12003
海　南	Hainan					
重　庆	Chongqing	13117	527135	38691	1525	214718
四　川	Sichuan	14064	163051243	2103850	133146	109422
贵　州	Guizhou	5398	798562	58878	2620	30788
云　南	Yunnan	930	264203	21702	406	22497
西　藏	Tibet	316				
陕　西	Shaanxi	12854	700451	93935	26488	70154
甘　肃	Gansu	1832	5028165	251208	8671	56229
青　海	Qinghai	352	100	2	10	6437
宁　夏	Ningxia	394				
新　疆	Xinjiang	2883	670908	35255	2534	42257
新疆兵团	Xinjiang Corps	395	47938	6664	1033	1147

11-6 各省、自治区、直辖市国家级示范生产力促进中心基本情况
General Statistics of State Level Model Productivity Promotion Centers by Region

地 区	Region	入统中心个数（个） Number of Productivity Promotion Centers with Data (unit)	人员总数（人） Number of Employees (person)	总资产（千元） Total Assets (1000 yuan)	政府投入（千元） Govement Investment (1000 yuan)	年总服务收入（千元） Service Income of the Year (1000 yuan)	办公面积（平方米） Office Area (sq.m)
合 计	**Total**	**177**	**6236**	**26134865**	**502051**	**700196**	**369935**
东部地区	Eastern Region	61	2802	19814441	211429	362992	152062
中部地区	Middle Region	35	1047	3287865	48667	130965	95899
西部地区	Western Region	60	1808	2782907	233857	135134	97712
东北地区	Northeast Region	21	579	249652	8099	71106	24262
北 京	Beijing	4	175	100306		6922	6567
天 津	Tianjin	4	113	46511	450	20843	7720
河 北	Hebei	11	351	107208	8581	90633	6176
山 西	Shanxi	4	100	9792	4591		2757
内蒙古	Inner Mongolia	5	103	140770	9090	2524	13321
辽 宁	Liaoning	10	261	150495		8097	11795
吉 林	Jilin	3	128	64295	4393	3240	4865
黑龙江	Heilongjiang	8	190	34862	3706	59769	7602
上 海	Shanghai	1	18	20056			500
江 苏	Jiangsu	16	614	767359	104328	36180	17608
浙 江	Zhejiang	5	232	522555	650	57082	14420
安 徽	Anhui	6	126	266442	6166	22638	28920
福 建	Fujian	9	265	17814442	32813	23365	26089
江 西	Jiangxi	6	353	49250	4200	21033	7930
山 东	Shandong	6	127	177638	11949	9773	7857
河 南	Henan	10	255	219242	15803	21646	12685
湖 北	Hubei	4	92	2502249	7080	22824	6356
湖 南	Hunan	5	121	240889	10827	42824	37251
广 东	Guangdong	5	907	258365	52658	118195	65125
广 西	Guangxi	6	238	98522	27821	114	4078
海 南	Hainan						
重 庆	Chongqing	5	152	30831	15341	8194	6652
四 川	Sichuan	7	267	1546206	14193	11013	5469
贵 州	Guizhou	5	103	60800	21512	3794	8284
云 南	Yunnan	2	44	75033	62034	22497	2510
西 藏	Tibet	1	14	1098			
陕 西	Shaanxi	10	313	390732	30295	51912	29596
甘 肃	Gansu	5	151	28864	23735	2950	5031
青 海	Qinghai	2	73	196403		6404	1941
宁 夏	Ningxia	2	54	23177	16410		1408
新 疆	Xinjiang	9	282	175918	10990	24586	18222
新疆兵团	Xinjiang Corps	1	14	14553	2437	1147	1200

11-7 各省、自治区、直辖市国家级示范生产力促进中心服务情况
Service Statistics of State Level Productivity Promotion Centers by Region

地区	Region	咨询服务项次（项次）Consultation Service (item time)	提供信息条数（条）Information Provided (piece)	技术服务项次（项次）Technological Service (item time)	培训服务人次（人次）Training Service (person time)	中介服务项次（项次）Intermediary Service (item time)	孵化企业服务（个）Incubation Service (unit)
合计	**Total**	**50734**	**5084416**	**20431**	**527900**	**5363**	**11228**
东部地区	Eastern Region	14028	2093909	10209	216397	1542	1925
中部地区	Middle Region	10771	783301	4672	43524	2470	1710
西部地区	Western Region	24072	2187224	4550	200218	927	6641
东北地区	Northeast Region	1863	19982	1000	67761	424	952
北京	Beijing	10	15061	18	663	2	3
天津	Tianjin	1468	4259	503	590	23	1
河北	Hebei	1211	206710	805	20469	501	517
山西	Shanxi	678	19916	7	11851		
内蒙古	Inner Mongolia	481	70772	178	8522	37	122
辽宁	Liaoning	236	5684	120	2463	67	17
吉林	Jilin	662	8833	448	2785	344	388
黑龙江	Heilongjiang	965	5465	432	62513	13	547
上海	Shanghai						
江苏	Jiangsu	4166	217714	1122	18290	687	1042
浙江	Zhejiang	52	1455	231	6721	43	78
安徽	Anhui	3530	64876	1107	6379	687	258
福建	Fujian	672	906021	748	43622	211	153
江西	Jiangxi	2572	91808	780	5551	343	570
山东	Shandong	1881	702951	1457	70033	8	13
河南	Henan	1010	566051	710	5187	221	164
湖北	Hubei	2179	34176	1396	6638	244	144
湖南	Hunan	802	6474	672	7918	975	574
广东	Guangdong	4568	39738	5325	56009	67	118
广西	Guangxi	3065	739886	90	79570	235	161
海南	Hainan						
重庆	Chongqing	820	1043021	159	1920	35	4970
四川	Sichuan	8386	68392	371	10604	129	563
贵州	Guizhou	2391	5646	815	2701	117	186
云南	Yunnan	580	3827	349	5569	58	113
西藏	Tibet						
陕西	Shaanxi	7170	173683	2154	77215	126	324
甘肃	Gansu	310	6742	191	5558	39	74
青海	Qinghai	347	1104		2641	1	57
宁夏	Ningxia	45	348	33	430	1	4
新疆	Xinjiang	142	73803	17	2513	12	2
新疆兵团	Xinjiang Corps	335		193	2975	137	65

11-8 各省、自治区、直辖市国家级示范生产力促进中心人员情况
Personnel Statistics of State Level Productivity Promotion Centers by Region

单位：人 (person)

地　区	Region	人员数 Number of Employees	博士 Doctor	硕士 Master	学士 Bachelor	大专及以上 College and Higher Level
合　计	**Total**	**6236**	**120**	**1222**	**3669**	**5999**
东部地区	Eastern Region	2802	65	572	1678	2662
中部地区	Middle Region	1047	5	160	594	1011
西部地区	Western Region	1808	25	311	1073	1753
东北地区	Northeast Region	579	25	179	324	573
北　京	Beijing	175	12	63	86	172
天　津	Tianjin	113	2	23	62	108
河　北	Hebei	351	4	23	235	325
山　西	Shanxi	100		20	61	97
内蒙古	Inner Mongolia	103		17	65	101
辽　宁	Liaoning	261	11	100	131	258
吉　林	Jilin	128	7	27	86	127
黑龙江	Heilongjiang	190	7	52	107	188
上　海	Shanghai	18	1	6	9	18
江　苏	Jiangsu	614	7	217	313	595
浙　江	Zhejiang	232	11	59	115	225
安　徽	Anhui	126	1	12	80	123
福　建	Fujian	265	11	41	162	254
江　西	Jiangxi	353	2	74	169	341
山　东	Shandong	127	3	29	60	121
河　南	Henan	255	2	25	145	244
湖　北	Hubei	92		6	61	91
湖　南	Hunan	121		23	78	115
广　东	Guangdong	907	14	111	636	844
广　西	Guangxi	238		55	129	229
海　南	Hainan					
重　庆	Chongqing	152	1	28	96	146
四　川	Sichuan	267	13	57	143	261
贵　州	Guizhou	103		16	63	103
云　南	Yunnan	44		8	34	44
西　藏	Tibet	14		4	7	13
陕　西	Shaanxi	313	8	41	185	299
甘　肃	Gansu	151		16	94	147
青　海	Qinghai	73		7	57	72
宁　夏	Ningxia	54	1	20	11	53
新　疆	Xinjiang	282	2	41	181	272
新疆兵团	Xinjiang Corps	14		1	8	13

11-9 各省、自治区、直辖市国家级示范生产力促进中心服务业绩情况
Service Achievements of State Level Productivity Promotion Centers by Region

地 区	Region	服务企业数量（个）Number of Enterprises Served (unit)	为企业增加销售额（千元）Enterprises Sales Income Increased by PPCs Service (1000 yuan)	增加利税（千元）Profits and Taxes Added (1000 yuan)	为社会增加就业（人）Employ-ment Added (person)	中心总服务收入（千元）Total Service Income (1000 yuan)
合 计	**Total**	**120035**	**200359698**	**6509813**	**226993**	**700196**
东部地区	Eastern Region	50463	18436193	1902569	37831	362992
中部地区	Middle Region	21202	13683299	2266338	31763	130965
西部地区	Western Region	40914	166318964	2171200	152236	135134
东北地区	Northeast Region	7456	1921241	169706	5163	71106
北 京	Beijing	609	20000	5000	400	6922
天 津	Tianjin	3594	217011	26295	1570	20843
河 北	Hebei	2560	2165211	189133	13428	90633
山 西	Shanxi	2331				
内蒙古	Inner Mongolia	2856	251684	36066	1431	2524
辽 宁	Liaoning	1783	97452	17273	345	8097
吉 林	Jilin	2132	834644	24676	2579	3240
黑龙江	Heilongjiang	3541	989145	127757	2239	59769
上 海	Shanghai	99				
江 苏	Jiangsu	24089	14608177	1540797	12043	36180
浙 江	Zhejiang	6764	8278	747	26	57082
安 徽	Anhui	4945	1910581	236404	8679	22638
福 建	Fujian	1877	301875	18400	2027	23365
江 西	Jiangxi	2660	1493814	141717	3884	21033
山 东	Shandong	2783	302536	58863	5694	9773
河 南	Henan	5032	279886	22483	5209	21646
湖 北	Hubei	3407	9332000	1832000	6938	22824
湖 南	Hunan	2827	667019	33734	7053	42824
广 东	Guangdong	8088	813106	63334	2643	118195
广 西	Guangxi	2579				114
海 南	Hainan					
重 庆	Chongqing	6128	276000	23200	810	8194
四 川	Sichuan	9758	159641942	1738645	113244	11013
贵 州	Guizhou	3893	462513	31219	2242	3794
云 南	Yunnan	930	264203	21702	406	22497
西 藏	Tibet	285				
陕 西	Shaanxi	12207	436515	68983	25300	51912
甘 肃	Gansu	502	4934330	243291	7736	2950
青 海	Qinghai	313				6404
宁 夏	Ningxia	232				
新 疆	Xinjiang	836	3840	1430	34	24586
新疆兵团	Xinjiang Corps	395	47938	6664	1033	1147

第十二部分

主要指标解释

The Twelfth Part

Explanatory Notes on Main Indicators

主要指标解释

工业总产值：指工业企业在报告期内生产的以货币形式表现的工业最终产品和提供工业劳务活动的总价值量。由本期生产成品价值、对外加工费收入、自制半成品在制品期末期初差额价值。

本期生产成品价值：指企业在报告期生产，经检验合格的已销售和准备销售的全部工业成品（半成品）价值合计。成品价值中包括企业生产的自制设备及提供给本企业在建工程、其他非工业部门和生活福利部门等单位使用的成品价值，但不包括用订货者来料加工的成品（半成品）价值。

对外加工费收入：指企业在报告期完成的对外承做的工业品加工（包括用订货者来料加工生产）的加工费收入和对外工业品修理作业所收取的加工费收入和对内非工业部门提供的加工修理、设备安装等收入。对外加工费收入中不包括销项税额。

自制半成品在制品期末期初差额价值：为了使工业总产值与工业中间投入中的物耗价值一致，以便同口径地计算工业增加值，规定本指标的计算原则是：凡是企业会计产品成本核算中计算半成品、在制品成本，则工业总产值中必须包括自制半成品在制品期末期初差额价值。反之亦然。

营业收入：指企业经营主要业务和其他业务所确认的收入总额。营业收入合计包括“主营业务收入”和“其他业务收入”。

技术收入：指企业全年用于技术转让、技术承包、技术咨询与服务、技术入股、中试产品收入以及接受外单位委托的科研收入等。

产品销售收入：指企业全年销售全部产成品、自制半成品和提供劳务等所取得的收入。

商品销售收入：指企业销售以出售为目的而购入的非本企业生产产品的销售收入。

实际上缴税费总额：指企业实际上缴的各项税金、特种基金和附加费等。

流动资产：指企业可以在一年内或者超过一年的一个生产周期内变现或者耗用的资产，包括现金及各种存款、短期投资，应收及预付款项、存货等。

年末资产：指企业在报告年末拥有或控制的能以货币计量的经济资源，包括各种财产、债权和其他权利。资产按其流动性（即资产的变现能力和支付能力）划分为：流动资产、长期投资、固定资产、无形资产、递延资产和其他资产。

年末负债：按会计报表的流动负债与长期负债之和填写。

年末从业人员数：指在报告期末，在企业中从事劳动并取得劳动报酬或经营收入的全部劳动力。

科技活动人员合计：指企业内部直接参加科技项目以及项目的管理人员和直接服务的人员。不包括全年累计从事科技活动时间不足制度工作时间 10%的人员。

科技活动经费内部支出：指报告年内用于科技活动的实际支出，包括劳务费、科研业务费、科研管理费，非基建投资构建的固定资产、科研基建支出以及其他用于科技活动的支出。不包括生产性活动支出、归还贷款支出及转拨外单位支出。反映科技投入实际完成情况。

R&D 经费内部支出：指调查单位在报告年度用于内部开展 R&D 活动的实际支出。包括用于 R&D 项目（课题）活动的直接支出，以及间接用于 R&D 活动的管理费、服务费、与 R&D 有关的基本建设支出以及外协加工费等。不包括生产性活动支出、归还贷款支出以及与外单位合作或委托外单位进行 R&D 活动而转拨给对方的经费支出。

发明专利：指对产品、方法或者其改进所提出的新的技术方案。是国际通行的反映拥有自主知识产权技术的核心指标。

实用新型：指对产品的形状、构造或者其结合所提出的适于实用的新的技术方案。反映具有一定技术含量的技术成果情况。

外观设计：指对产品的形状、图案、色彩或者其结合所作出的富有美感并适于工业上应用的新设计。反映拥有自主知识产权的外观设计成果情况。

应用技术成果：应用技术成果主要是指针对某一特定的实际应用目的，为获得新的科学技术知识而进行的独创性研究。应用研究通常是为了确定基础研究成果或知识的可能用途，或是为达到某一具体的、预定的实际目的确定新的方法（原理）或途径。计算机软件、植物新品种、集成电路布图设计成果列入此类。

基础理论成果：基础理论成果是指为获得新知识而进行的独创性研究。其目的是揭示观察到的现象和事实的基本原理和规律，而不以任何特定的实际应用为目的。基础理论类图书列入此类。

软科学成果：软科学成果是指为推动决策科学化和管理现代化，运用现代科学技术手段，所取得的为解决各种复杂自然现象和社会问题的方案。它包括发展战略、规划、预测、项目评价、可行性论证、对策分析管理方案和理论方法等。

登记科技成果：符合《科技成果登记办法》中规定的登记条件，经省（部）级科技成果管理部门审查、登记的科技成果，包括国家科技计划项目、研究主体自发项目。

Explanatory Notes On Main Indicators

Gross Industrial Output Value refers to the total volume of final industrial products produced and industrial services provided during a given period in monetary terms. Gross industrial output value is composed of value of the finished products during the reference period, income from processing for external parties, and value of change in semi-finished products between the end and the beginning of the reference period.

Value of finished products during the reference period refers to the value of all finished (semi-finished) industrial products that are produced during the reference period, checked for acceptance, and sold or ready to sell, including the value of own-produced equipment and the value of products provided to the projects under construction of the enterprise, and to other non-industrial or welfare units, but excluding the value of finished products (semi-finished products) that are produced using the materials from the clients who place the orders.

Income from external processing refers to income from contracted external processing of industrial products (including processing of industrial products using materials from the clients), the income from industrial repairing work provided to other parties, and income from processing, repairing, installation of equipment provided to non-industrial units within the enterprises. Income from external processing does not include value-added tax.

Value of change in semi-finished products between the end and the beginning of the reference period is calculated according to the principle that if the enterprise accounting includes the cost of semi-finished products, then the value of change should be included in the gross industrial output value, and vice versa. This is to keep the value of goods consumption of gross industrial output value and that of industrial intermediate inputs the same, so that the industrial added value is calculated in the same caliber.

Operating Revenue refers to the sum of various incomes from main business and other operations. It is consisted of "revenue from principal business" and "revenue from other business".

Technology Income refers to income of enterprises from technology transfer, technology contract, technology consultation and service, technology investment, pilot product sale and income from scientific research entrusted by other units over the year.

Income of Product Sales refers to income from sales of all finished products, self-made semi-finished products and income of services provided by enterprises over the year.

Income of Commodity Sales refers to sales income from products purchased by enterprises for the purpose of sale and not produced by enterprises themselves.

Total Taxes and Fees Actually Submitted refers to various taxes, special funds and extra charges actually submitted by enterprises.

Current Assets refer to assets that can be cashed or disposed of in one year or one production period of more than one year, including cash and various deposits, short-term investment, accounts receivable or in advance payment, and inventory etc.

Assets by the end of Year refers to the economic resources that can be calculated in monetary terms held or controlled by enterprises by the end of the reference year, including property in various forms, creditor's rights and other rights. Assets are divided into the following categories according to its liquidity (i. e., cashability and capacity to pay): current assets, long-term investments, fixed assets, intangible assets, deferred assets and other assets.

Liabilities by the end of Year refer to the sum of current liabilities and long-term liabilities in the financial statement.

Number of Employed Personnel by the end of Year refers to the number of all the labor force who is engaged in gainful employment in tenant enterprises and thus receive remuneration payment or earn business income by the end of the reference year.

Total Number of Personnel Engaged in Science and Technology Activities refers to the number of personnel in the enterprises who are directly engaged in implementation of S&T projects or management of and direct services to the projects. Excluding the personnel who commit less than 10% of their work time to S&T activities accumulatively over the year.

Intramural Expenditures on Science and Technology Activities refer to the real expenditure of surveyed units on their own S&T activities including expenditure on labor, scientific research, management of scientific research, fixed assets excluding capital construction, expenditure on infrastructure for scientific research activities and other expenditure on S&T activities. Excluding the expenditure on production activities, return of loan, and fees transferred to cooperated and entrusted agencies. This indicator reflects the actual completion status of S&T input.

Intramural Expenditure of Funds on R&D refers to the real expenditure of surveyed units on their own R&D activities including direct expenditure on R&D activities in projects, indirect expenditure of management and services on R&D activities, expenditure on capital construction and material processing by others. Excluding the expenditure on production activities, return of loan, and fees transferred to cooperated and entrusted agencies on R&D activities.

Patented Inventions refer to new technical proposals to the products or methods or their modifications. This is universal core indicator reflecting the technologies with independent intellectual property.

Patented Utility Models refer to the practical and new technical proposals on the shape and structure of the product or the combination of both. This indicator reflects the condition of technical results with certain technical content.

Designs refer to the aesthetics and industrially applicable new designs for the shape, pattern and color of the product, or their combinations. This indicator reflects the appearance design achievements with independent intellectual property.

Applied Technical Achievements refer to the original research carried out for a specific practical application purpose in order to obtain new scientific and technological knowledge. Applied research is usually to determine the possible use of basic research results or knowledge, or to determine new methods (principles) or approaches to achieve a specific and predetermined practical purpose. Computer software, new plant varieties and integrated circuit layout design achievements are included in this category.

Basic Theoretical Achievements refer to the original research carried out in order to obtain new knowledge. Its purpose is to reveal the basic principles and laws of observed phenomena and facts, rather than any specific practical application. Basic theory books are included in this category.

Soft Science Achievements refer to the solutions to various complex natural phenomena and social problems obtained by using modern scientific and technological means to promote scientific decision-making and management modernization. It includes development strategy, planning, forecasting, project evaluation, feasibility demonstration, countermeasure analysis and management plan and theoretical methods.

Registration of scientific and technological achievements refer to the scientific and technological achievements that meet the registration requirements stipulated in the "Measures for the Registration of Scientific and Technological Achievements" and have been reviewed and registered by the provincial (ministerial) scientific and technological management department, which include national science and technology plan projects and projects supported by research unit.